KB202922

소명을 따라 사는 삶의 열쇠는
어떤 직업이나 일을 맡았느냐가 아니라
어떤 환경에 있든지
우리가 그 일을 왕업으로 행하느냐이다.

− 유진 피터슨 −

하수구 뚫는 법대생

ⓒ 도서출판 일터개발원 ✕ HUB

2022년 12월 31일 1판 1쇄 발행
펴낸이 | 방선기
펴낸곳 | 도서출판 일터개발원
기획 | 허브컴퍼니 유한회사
디자인 | studio J
인쇄 | 예원프린팅
등록 | No 980768
주소 | 서울특별시 마포구 성미산로19, 2층
이메일 | hubcompany@naver.com
팩스 | 02-417-0475
ISBN 979-11-980768-0-9

하수구 뚫는 법대생

공병철 저

도서 출판 일터개발원 x HUB

추천사

직업에 귀천이 없다는 말이 있습니다. 그러나 우리가 사는 세상은 직업에 귀천을 따집니다. 그래서 어느 대학을 나왔고 어느 직업을 가졌느냐가 삶의 질을 정한다고 생각합니다. 『하수구 뚫는 법대생』은 이러한 생각에 동의하지 않고 직업으로 귀천이 정해지는 것이 아님을 우리에게 알려 주는 책입니다.

이 책은 재정적 어려움 속에서 자존감이 바닥을 치던 한 청년이 주변 사람들의 염려와 걱정이었지만 그 어려움을 딛고 이제는 여유 속에 안정적이고 평안한 삶을 살아간다는 성공의 이야기만을 다루는 책이 아닙니다. 이 책은 획일화, 정형화되어 버린 청년의 삶을 살아가다가 뒤처지거나 낙심한 청년들에게 전하는 희망의 편지입니다. 결코 삶이 혼자가 아니라 주님과, 그리고 교회와 이웃과 함께 이겨낼 수 있다는 용기를 주는 책입니다. 이 책은 저자의 삶이 담겨 있기에 독자에게 더 생동감 있는 도전을 줍니다.

"목사님! 이번에 해외단기선교 가는 청년 한 사람의 회비를 제가 내겠습니다. 이전의 저처럼 힘들고 어려운 청년이 있다면 도와주세요!"

사업을 시작하고 얼마 안 가서 청년부 대만 단기선교를 앞둔 저에게 재정적 어려움이 있는 청년을 돕겠다며 찾아왔던 날을 기억합니다. 누군가의 도움을 받던 자리에서 누군가를 도울 수 있는 자리, 그리고 그 자리에 설 수 있도록 함께 이루어 가는 하나님의 선하심을 소망하는 자리로 독자들을 초대할 것입니다. 비단 저자뿐 아니라 도전을 받아 더 많은 새로운 이야기를 만들어 갈 청년들에게 이 책을 권합니다.

김재윤 목사 생수의강교회

요즈음 주변에 삶이 원하는대로 안 풀린다고 생각하는 청년들이 많이 있습니다. 그런 청년들에게 공병철 형제의 삶의 이야기가 위로와 격려가 되고 또 도전이 될 수 있으리라 생각합니다.

형제는 한국의 직장인이라면 누구나 고민하는 직업에 대한 부정적인 생각, 또 신앙과 일이 분리되는 문제들을 극복하고, 비로소 일에서 보람과 실속을 다 누리고 있는 것 같습니다. 교회에서나 일터에서나 똑같이 하나님께 예배드리는 형제의 이야기를 이 시대 힘들게 살아가는 청년들과 멘토분들께 권하고 싶습니다.

방선기 대표이사장 사단법인 일터개발원

이 책은 팬데믹 시대를 지나는 청년들에게 앞으로의 삶을 계획하는 길라잡이가 되어 줄 것입니다. 미처 예측하지 못했던 상황 속에서도 주님의 뜻과 예배하는 삶을 놓지 않는 저자의 모습에 많은 청년들이 도전을 받으리라 생각합니다. 이 책을 통해 직업으로 어려움을 겪고 있는 청년들이 진정한 삶의 목적을 깨닫게 되길 소망하며, 이제 마이 드림(My Dream)에서 하나님의 드림을 꿈꾸는 그를 응원합니다.

김성철 전 강남설비 대표

청년 비즈니스맨을 양성하고자 했을 때 처음 만난 공병철 형제는 7년째 항상 긍정적이며 적극적으로 도전하는 모습을 잃지 않고 있습니다. 그런 형제의 발자취가 책으로 나오니 자랑스럽고 마음이 든든합니다. 건투를 빌고 기도하며 형제의 미래를 기대합니다.

이강락 KR컨설팅 대표

하수구
뚫는
법대생

하수구를 만나고
나의 삶은 이야기가 되었다

세상은 온통 네모난 것들로 가득 차 있습니다.

네모난 빌딩, 네모난 버스, 네모난 책상, 네모난 침대, 네모난 창문, 네모난 신문 등 세상을 구성하는 것들은 온통 네모난 것 뿐입니다. 오죽하면 어떤 가수가 '네모의 꿈'이라는 노래를 불렀을까요!

온통 네모난 것들로 가득한 세상 속에 반드시 동그래야만 하는 것이 있습니다.

바로 하수구입니다. 각이 진 하수구는 물 빠짐이 원활하지 못하고, 찌꺼기가 잘 쌓여 막히게 됩니다.

이것이 하수 배관이 동그래야만 하는 이유입니다.

길을 걷다가 하수구 맨홀을 보신 적이 있으신가요?

하수구 맨홀 뚜껑은 대부분 동그랗습니다. 동그랗게 제작한 하수구 맨홀 뚜껑만이 여러 가지 수학적 원리로 맨홀 구멍에 빠지지 않는다고 합니다.

우리는 네모난 달력 안에 있는 숫자 속에서 다들 비슷하고 똑같은 삶을 살아가고 있는 것 같습니다.

그런데 저는 아주 우연한 계기로 35년간의 삶과는 전혀 다른 세상을 알게 되었습니다.

바로 하수구 사업을 시작하면서부터입니다.

평소에는 하수구에 관심도 없고 의식도 하지 않고 살았습니다. 관리를 잘하시는 어머니 덕분인지 하수구가 막히거나 문제가 생기는 경우를 본 적이 없습니다. 그런 제가 하수구 배관 전문가가 되어 이전과 전혀 다른 삶을 살아가고 있습니다.

역사 속 고대 로마는 이전의 터키나 메소포타미아 지역의 도시와는 비교가 안 될 정도의 큰 도시 문화를 이룩했습니다. 학자들은 로마가 그렇게 될 수 있었던 이유 중 하나가 잘 정비된 하수 시설 때문이라고 합니다. 하수 시설이 정비되고 거리가 깨끗해지자 사람들이 질병에서 자유로워지기 시작했습니다. 많은 사람이 모여도 쾌적한 생활이 가능했기 때문입니다.

도시가 제 기능을 하기 위해서는 하수 시설이 필수적으로 갖추어져야 합니다. 하수구는 땅에 묻혀 있고 건물에 숨어 있지만 도시 생활에 없어서는 안 될, 마치 공기와도 같이 중요한 역할을 합니다. 하수구를 관리하는 사람들은 심혈관 질환이나 배설 기능을 치료하는 의사처럼 건물에 관하여 반드시 필요한 사람들입니다. 이제라도 그런 하수구를 알게 된 것이 신기했고, 배관을 다루는 일은 저에게 새로운 의미로 다가오게 되었습니다. 이런 경험들이 계속되면서 가슴속에 가득 차오르는 일의 의미들을 여러 사람과 함께 나누고 싶어서 이 글을 시작하게 되었습니다.

첫째, 일에는 귀천이 없다는 것입니다.

일에는 정말 귀하고 천한 것이 따로 없습니다. 단지 어떤 일이 귀하고 천하다는 나쁜 '생각'만 있을 뿐입니다. 보수의 차이는 있을 수 있고, 사람에 따라 난이도의 차이도 있을 수 있습니다. 그렇지만 보수가 적거나 아무나 할 수 있는 쉬운 일이라고 해서 천한 것이 아니고, 돈을 많이 벌거나 학위나 자격증이 필요한 일이라고 해서 귀한 것도 아닙니다. 그런데도 우리는 의식적, 무의식적으로 일에 귀천이 있다는 생각에 사로잡혀서 살아갑니다. 다른 사람에게 일을 설명할 때는 귀천이 없다고 아주 점잖게 이야기할 수 있지만 정작 그 일을 내가 선택해야 하는 기로에 섰을 때는 '다른 사람들이 이런 일을 하는 나를 어떻게 바라볼까?'라는 생각에 완전히 사로잡힙니다.

우리가 얼마나 그런 무의식에 사로잡혀 살아가는지는 그 상황에 맞닥뜨려 보지 않으면 알 수 없습니다. 그런 생각은 다른 사람들만 천하게 보는 것에 그치지 않고, 다른 사람들과 나를 비교하여 나 스스로를 아프게 하고 힘들게 하는, 모두를 병들게 하는 나쁜 생각입니다.

둘째, 일은 나를 보여 주는 거울과 같습니다.

일 자체가 나일 수는 없습니다. 좀 더 정확히 말하면 일을 대하는 태도가 나를 보여 주는 것입니다.

어떤 사람을 처음 만나서 자기소개를 할 때, 우리는 꼭 무슨 일을 하느냐고 묻거나 답하곤 합니다. 그 일을 선택하게 된 배경과 그 일을 대하는 태도를 보고 그 사람을 알 수 있기 때문입니다. 어떤 사람이 하는 일을 통해 우리는 그 사람의 정체성을 확인할 수 있습니다. 물론 일이 나를 보여 주기도 하지만 나를 숨기는 역할을 하기도 합니다. 그렇지만 우리는 자기의 일을 대하는 그 사람의 태도를 보고 그것을 구별할 수 있습니다. 그래서 저는 많은 사람에게 생소한 저의 일을 소개하고 싶었고, 일과 관련된 에피소드와 어떤 사람들을 만나는지 소개하고 싶었으며, 일을 대하는 저의 생각과 태도를 이야기해 보고 싶었습니다.

셋째, 일 자체가 예배이고, 하나님과의 관계이며, 나의 일이 곧 하나님의 일(왕업-王業)입니다.

저는 소비자들에게 배관 설비 서비스를 제공하고 있습니다. 그런데 예배를 서비스(servic)라고 표현하기도 합니다. 그래서 일이 예배라는 설명이 쉽게 와 닿았던 것 같습니다. 예배 시간에 예배당에 앉아 있는다고 해서 다 예배라고 하지 않습니다. 마찬가지로 일을 한다고 그것이 다 예배가 아닙니다. 일하시는 하나님을 알고, 이 땅에서 그분의 나라를 이루기 위해 우리의 일을 사용하신다는 것을 이해하여 최선을 다해 내 일을 해낼 때, 그 일이 비로소 예배가 되는 것입니다.

하나님은 우리의 일을 예배로 받으시고, 일상에서도 우리를 예배자로 부르십니다. 일을 통해 만난 하나님은 예배 받기 원하시는 하나님이셨습니다.

그분은 일상과 일터에서도 끊임없이 교제하자고 하십니다.

배관 설비에 최선을 다할 때 막힌 것이 뚫리고 누수가 멈추는 것을 보았습니다. 그것은 건물이 제 기능을 발휘하게 하는 건축물의 질서입니다. 질서의 하나님께서는 일이라는 예배를 통해서 이 땅의 질서를 회복하십니다. 하나님은 일만 시키는 악덕 사업주가 아니라 우리를 예배자로 부르셔서 우리를 귀하게 여기시고 높여 주십니다.

넷째, 일은 즐거운 것입니다.

에덴동산에서의 일은 즐거운 것이었습니다. 첫 사람 아담은 나무와 동물의 이름을 지어 주는 일을 하였습니다. 언뜻 보아도 하나님의 일과 비슷해 보입니다. 하나님은 천지를 창조하시고, 그것의 이름을 지어 주셨습니다. 그때 비로소 하늘이 하늘이 되고, 바다가 바다가 되었습니다. 존재하지 않던 것들이 하나님의 명명식으로 의미를 갖게 되었습니다. 그리고 나머지 동·식물들의 명명식을 아담에게 위임하셨습니다. 아담이 하나님의 일을 대신하게 된 것입니다.

그런데 죄가 들어온 후에 일은 고통과 수고가 되어 버렸습니다. 일터로 향하는 이 땅의 수많은 사람들의 표정이 무겁고 비장하기까지 합니다. 이제 우리에게는 일이 고통과 수고가 되어 버린 것입니다. 그렇지만 이 땅에서 일이 다시 하나님의 창조사역을 대신하는 즐거운 일이 되길 바랍니다.

일은 먹고사는 문제만을 위해서 존재하는 것이 아니라 하나님의 창조성을 무한히 발휘하고, 성취감을 얻고, 자아를 발견하며, 문화를 만들어 냅니다. 그런 일은 즐거울 수밖에 없습니다. 하수구를 만나고 저의 일은 즐거움이 되었습니다. 일터로 향하는 차 안에서 매일 찬양을 부를 때 기쁨과 힘이 샘솟는 것을 느낍니다. 출근하는 모든 사람이 자신에게 주어진 일의 의미를 발견하여 기쁨과 즐거움이 회복되기를 간절히 바랍니다.

마지막으로 하수구와 청년을 이야기하고 싶었습니다.

하수구와 청년이라는 단어가 주는 이미지를 생각해 보았습니다. '하수구' 하면 언뜻 떠오르는 이미지가 무엇인가요? 더러움, 밑바닥이라는 말 아닐까요? 일반적으로는 하수구를 얘기하면서 전문성이나 꿈과 비전을 이야기하지 않습니다. 또 '청년'은 어떤 이미지인가요? 물론 요즘 청년들을 'N포 세대'라고 부르며 고단함을 떠올리기도 하지만 아직까지 우리의 대표적인 인식으로는 도전과 희망, 가능성과 비전이라고 말할 수 있을 것 같습니다.

언뜻 보기엔 상반되어 보이는 하수구와 청년이 만났습니다. 고단했던 청년이 지저분하고 더러운 하수구를 만나 꿈과 희망을 노래하게 되었습니다. 상황과 환경에 지배받는 것이 인간이지만, 꼭 그렇지만도 않은 것이 인간입니다. 일상에 은혜가 더해질 때 고단하고 막막했던 인생이 꿈과 비전을 보게 됩니다. 후배 청년들 모두의 인생이 상황과 환경에 상관없이 꿈과 희망을 노래하길 바랍니다. 반드시 그렇게 할 수 있을 거라 응원하며 기도해 봅니다.

저도 꿈이 많고 포부도 대단했던 청년이었습니다. 하수구를 만나고 더 이상 내가 꿈을 꾸는 것은 사치일 것만 같아 펑펑 울기도 했습니다. 그런데 하수구는 제가 더 구체적으로 꿈을 꾸고 비전을 갖게 해 주었습니다. 또 일을 통해 성취감과 진짜 자존감도 찾을 수 있었습니다.

'9급 공무원 세대'라고 불리는 지금의 많은 청년들이 공시족, 고시족으로 살아가고 있습니다. 저 또한 그랬습니다. 청년들의 모든 선택을 응원합니다. 청년들이 선택할 여러 가지 모양의 일들이 괴롭고 힘들기만 한 것이 아니라 자신의 진정한 자아를 발견하는 일이 되기를 기도하겠습니다. 취업과 진로를 고민하는 청년들에게 제가 걸어온 삶의 모습이 응원이 되고 격려가 되었으면, 하는 마음입니다.

어느덧 사업을 시작한 지 6년이 되었습니다. 큰 교통사고와 코로나 시대를 겪었지만 감사하게도 오히려 그것이 기회가 되어 사업을 확장하고 성장시키고 있습니다. 청년들의 삶이 미완성의 인생이라고 하여 '미생'이라고 부릅니다. 하지만 이것이 어찌 청년들만의 이야기라고 할 수 있겠습니까? 이 땅에서 우리 모두는 주님을 만날 그때까지 미완의 인생을 살아갈 것입니다. 세상의 기준과 시선으로 바라볼 때 아직 완성되지 않았고, 영원히 완성되지 않을 수 있는 삶이지만 하나님께서 '완생'의 삶이었다고 평가하고 칭찬해 주시길 마음 다해 기도해 봅니다.

저의 이야기가 많은 청년들의 이야기의 시작이 될 수 있길 바라며, 지금부터 저의 이야기를 시작해 보겠습니다.

CONTENTS

천국에서 다른 사람에게 나를 소개할 때는 어떻게 할까.
그곳에서도 일이 아니면 나를 소개할 수 없는 것일까?

1
넌 언제
합격할래?

요즘 초등학생 아이들에게 꿈이 무엇이냐고 물어 보면 30년 전 아이들과는 그 대답이 정말 많이 달라졌다는 생각이 든다.

유튜버, 아이돌, 연예인, 건물주 등 기성세대들이 보기엔 뭔가 독특하고 개성 있는 직군처럼 보이지만, 그 시대 어른들이 생각하는 성공의 척도가 아이들의 꿈에 반영되는 것은 예나 지금이나 변함이 없는 것 같기도 하다.

30년 전 아이들에게 장래희망이 무엇이냐고 물어 보면 거의 대부분이 경찰, 과학자, 대통령으로 답했던 것 같다.

나의 장래희망도 그런 것들과 많이 다르지 않았다. 그런 사람들이 어떤 일을 하는지 제대로 알지도 못하면서 무조건 장래

희망을 적는 칸에 '대통령'이라고 적었다. 보통 이런 꿈들은 중·고등학교 시절을 지나면서 바뀌기 마련이다. 하지만 좀처럼 변하지 않는 시골에서 살았기 때문인지 그런 말을 하는 것이 쑥스럽다는 것을 아는 나이가 된 후에도 나는 여전히 '정치'라는 것을 해 보고 싶었다.

고3 때 입시를 준비하며 공군사관학교에 지원했다. 신체검사를 받으러 가서 현장에서 불합격 통보를 받았다.

입학 담당관은 수십 년 전에 세계적으로 유명한 축구 스타인 차범근 선수도 공군사관학교에 떨어졌다고 했다. 그때 차범근 선수가 합격을 했다면 어떻게 세계적인 축구 선수가 나올 수 있었겠냐며 위로를 해 주었다. 그 말이 나에게는 별로 위로가 되지 않았지만, 현실을 받아들일 수밖에 없었다.

집에 돌아와서 아버지께 불합격 소식을 말씀드렸다.

"그런데 너는 왜 군인이 되려고 하니?"

"별을 달고 인맥을 넓혀서 정치를 해 보고 싶어요."

지금 생각해 보면 정말 어처구니가 없는, 아무것도 모르는 시골 촌놈의 대답이었다. 정치를 하겠다고 군인이 되겠다니…. 아버지는 그런 내가 답답하셨는지 이렇게 말씀하셨다.

"야, 이 답답한 놈아! TV 좀 봐라. 거기 나오는 정치인들 다

어느 학교 나오고 뭐 했던 사람들이냐?"

서울대 법학과 행정고시, 사법고시 몇 회 합격!! 요즘은 이런 것을 전면에 내세우지 않지만, 그 당시 정치인들을 소개할 때에는 자막으로 꼭 붙어 있던 말들이었다.

'아! 정치를 하려면 고시공부를 해야 하는 거구나!'

그때부터 법학과에 진학해서 고시공부를 해야겠다고 마음먹었다. 서울대학교에 갈 성적은 되지 않았지만 어떻게든 서울에 있는 대학교 법학과에 진학하는 것을 목표로 하고 공부했다.

지금은 시대가 바뀌었는지 정치인들의 이력이 그때와는 많이 다르다. 학생운동을 했던 사람, 사업가, 아나운서, 연예인, 운동선수 등 각계각층의 인사들이 시민의 목소리를 대변하고 있다.

어쨌든 나는 서울에 있는 대학에 진학을 하게 되었고 자연스럽게 사법고시 공부를 시작했다.

공부를 그만두고 나서야 알게 된 사실이지만 나는 정말이지 고시공부와는 어울리지 않는 사람이었다. "고시공부는 엉덩이 싸움"이라는 말이 있다. 아무리 못해도 최소한 1년은 엉덩이를 진득하게 붙이고 공부를 해야 한다. 그런데 나는 3개월을 넘기지 못했던 것 같다. 석 달이 지나면 좀이 쑤셔서 앉아 있을 수가 없었다.

"어쩔 수 없이 하던 공부…
딱히 대안이 없었고, 다른 걸 시작할 용기도 없었다."

운동과 사람을 좋아했던 나는 머리를 식히고, 재충전의 시간을 갖는다는 핑계로 온전히 공부에 집중하지 못했다. 그렇게 1년, 2년, 시간이 지나 어느덧 30대 중반이 되었고, 뒤돌아보니 '장수생'이 되어 있었다.

남들은 내가 꿈을 향한 의지로 계속 펜을 붙들고 있는 줄 알았겠지만, 오랫동안 공부를 해 본 사람들은 잘 알 것이다. 서른 살이 넘으면 마음이 초조해져서 어디라도 빨리 취업을 하고 싶어진다. 부모님이 지원해 줄 수 있는 여력이 충분한 경우를 제외하고는 재정난에 허덕이게 되고, 취업해서 돈을 벌고 결혼하는 친구들을 보면 마음이 더욱 조급해진다.

그런데 서른이 넘으면 취업이 잘 되지 않는다. 시험공부 하느라 토익시험이나 각종 자격증, 인턴 경험 등의 스펙도 하나도 없고, 경력직에 지원할 수도 없기 때문에 사기업에 입사하는 것이 거의 불가능하다. 기업에서도 상사보다 나이 많은 신입사원을 뽑는 것이 상당히 부담스러울 것이다.

공기업에 입사하기 위해서는 또 다른 공부를 시작해야 한다. 고시공부를 했다고 해서 다른 시험을 쉽게 합격할 수 있는 것은 아니다.

시험마다 필요한 절대량의 공부가 있고, 경쟁률은 훨씬 더 높은 경우를 흔히 볼 수 있다. 그렇게 다른 과목을 공부하느니

지금 하던 익숙한 공부를 계속 하는 것이 나아 보이고, 할 수 있는 것이 없어서 어쩔 수 없이 하던 공부를 계속 붙들고 있었던 것이 현실이었다. 딱히 대안이 없었고, 다른 걸 시작할 용기도 없었다. 그렇게 시간만 마냥 흐르고 있었다.

친구들은 취업을 하여 대리가 되고 과장이 되었다. 멋진 차도 사고, 모임이라도 있으면 식사비도 아무 부담 없이 계산했다. 결혼을 하고, 아이를 낳고, 자기 집을 마련한 친구들도 있었다.

'나는 괜찮다. 나는 그런 것이 하나도 부럽지 않다. 시험만 합격하면 된다'는 생각으로 애써 나를 위로했다. 친구들도 이런 나를 보고 "병철이는 시험에 합격하면 한방에 끝이니까."라고 어색한 분위기를 달래 줬던 것 같다.

나중에 알게 된 사실이지만 나는 그런 친구들이 정말 부러웠던 것 같다. 자동차나 집이 부럽지 않다고 했지만 나도 기분 내고 폼 한번 잡아 보고 싶었던 것 같다. 부럽지 않다고, 부럽지 않아야 한다고 나를 속이고 최면을 걸어야 그 순간을 넘어갈 수 있었다.

교회에서 함께 신앙생활을 하는 청년부 목사님은 이런 내가 답답해 보이셨던 것 같다. 대기업에 다니셨고, 사업도 해 보셨던 목사님은 정치를 하겠다고 오랜 기간 동안 고시공부를 하는 나에게 "네가 이렇게 오랜 기간 동안 공부를 붙잡고 있을 만큼 정치라는 것이 매력이 있는 것인지 직접 경험해 봤으면 좋겠다"고 말씀하셨다.

나도 나를 확인해 보고 싶었다. 그래서 정당 청년위원회와 시민단체 활동을 시작하게 되었다. '새 정치'라는 프레임을 가지고 신드롬을 일으켰던 안철수 씨를 대표로 하는 '새정치연합'에서 마침 당원을 모집하고 있었고, 청년위원회를 조직하고 있었다.

면접장에는 정말 똑똑하고 스펙 좋은 친구들이 많았다. 말은 또 얼마나 청산유수인지 모른다. 그중에서 내가 뽑힌 게 신기할 정도였다. 그리고 그곳에서 알게 된 분을 통해 '국민사랑의회'라는 시민단체 활동도 시작하게 되었다.

나의 문제를 해결하고 싶어서였을까? 주거 문제와 노동 문제에 관심이 많았고, 그렇게 국민사랑의회 산하 환경노동위원회 위원으로 활동하게 되었다. 그리고 '더굿인피플'이라는 인터넷신문사에서 시민 기자로 활동하며 각종 인터뷰도 담당했다.

그 모든 활동이 정말 재미있었다. 무언가를 희망하고 바랄 수 있다는 게 좋았다. 그렇지만 수입이 없고, 무급으로 활동하는 것이 점점 부담이 되었다. 그러다 보니 눈치를 보게 되었다. '이곳에서 좀 더 열심히 활동을 하고 성과를 내면 보좌관이나 비서관 같은 자리를 얻을 수 있지 않을까?'라는 기대를 하게 되었다. 나는 점점 위축되었고, 나에게 어떤 자리를 줄 수 있는 결정권자에게 잘 보이고 싶었다. 그런 시간이 계속되자 '이렇게 순수하지 못한 마음으로 계속 활동하는 게 맞을까?'라는 생각이 들었다.

선거캠프 경험이 있던 친구의 말이 생각났다.

"병철아, 돈 없이 정치를 하면 거래를 하게 되더라. 난 네가 그러지 않으면 좋겠다."

소신을 이루기 위해 이곳에 왔는데 거래까지는 아니라도 그 소신들을 굽힐 수밖에 없는 현실을 견딜 수가 없었다. 말은 이렇게 거창하게 하면서 또 한편으로는 먹고사는 게 막막했다. 그래서 그곳을 떠났고, 할 수 있는 게 없는 나는 다시 공부를 하게 되었다. 그렇게 시작한 공부가 잘될 리가 없었다. 어떤 때는 진도가 쭉쭉 나가다가도 읽은 곳을 읽고 또 읽고 진도가 나가지 않는 날이 더 많았다.

서른 살 이후에는 부모님께 용돈을 받지 않고 경제적으로 독립을 했다. 있는 돈을 최대한 아끼고, 다니는 교회에서 시행하는 에듀넥스트의 도움을 받았다. 에듀넥스트는 차상위계층 가정의 아이들에게 대학생들이 과외를 해 주고, 교회에서 대학 등록금에 상응하는 장학금을 받는 프로그램이었다. 교회에 다니는 가정의 아이들만 과외 수업을 받을 수 있는 것이 아니라 구청 복지과와 연계해서 구청이 소개해 준 아이들까지 과외를 할 수 있었다.

에듀넥스트는 단순 과외 프로그램을 넘어 선생님과 아이들을 멘토와 멘티로 맺어 주는 역할까지 했다. 지식을 전달하고 수업료를 받는 것에 그치지 않고, 멘토와 멘티는 인격적인 관계를 맺으며 형과 오빠가 되어 주는 것이었다. 돈이 없어서 학원도 못 다니면서 학력 격차가 더 커질 수밖에 없는 아이들에게는 정말로 소중한 프로그램이었다.

나는 대학생이 아니었지만 교회의 배려로 에듀넥스트 프로그램의 멘토로 참여하게 되었다. 그렇게 받은 장학금으로 계속 공부를 해 나갈 수 있었다.

나는 최대한으로 돈을 아끼며 공부하기 위해 누나 집으로 들어갔다. 누나 집에서 지내면서 근처 평생학습관 열람실로 출퇴근을 하며 그곳에서 공부했다. 걸어가기에는 조금 먼 길이어서 자전거를 하나 구입하고, 고맙게도 누나가 매일 도시락을 싸 줘서 식비가 따로 들지 않았다. 먹는 거라곤 잠을 쫓기 위해 먹는 믹스 커피뿐이었다. 교통비와 간식비가 들지 않고, 커피도 미리 사 놓다 보니 일주일 동안 돈을 하나도 안 쓴 적도 있을 정도였다. 그렇게 한동안 적은 돈으로 살아 보니 앞으로는 절대로 돈이 없거나 부족하다고 힘들어하지 않을 수 있을 것 같았다. 충분한 훈련이 된 것 같았다.

그러나 그렇게 자부하며 살아도 돈이 필요한 순간이 생기거나 남과 비교하는 마음이 들 때는 여전히 힘들었다. 그때 알았다. 돈에 대해서는 평생 흔들리지 않는다는 장담을 하지 말아야 한다는 것을 말이다. 아무리 지금 돈에 대해 마음을 잘 지키고 있다고 해도 언제 마음이 교만해지고, 언제 비굴해질지 모르는 게 돈이었다. 아마도 그것은 평생 훈련하며 경계하며 살아 내야 할 문제였다. 적어도 나에게는 그랬다.

고시 공부를 계속하면서도 교회 봉사는 게을리하지 않았다. 고등부 교사, 대예배 성가대, 청년부 순장과 임원을 계속 했다. 주일에는 공부를 하는 것이 쉽지 않았다. 아침에 나가서 하루 종일 교회에 있다가 저녁에 들어오는 스케줄이었기 때문이다. 시골에 계신 부모님이 아시면 까무러치실 일이었다. 그렇지만 그렇게 일주일에 한 번씩이라도 교회에 가지 않으면 힘든 수험생활을 견뎌 낼 수가 없었다.

'혹시 교회에서 듣는 칭찬의 달콤함에 빠져 세상에 발을 못 디디는 것은 아닐까?'

'세상이 두려워서 교회 속으로 도피하고 있는 것은 아닐까?'

어느 조직이나 마찬가지겠지만 특히 교회에서는 성실히 꾸준

하게 무언가를 해 내는 사람을 아주 좋아한다. 그런 사람에게 봉사를 맡기게 되고, 소문이 나면 다른 부서의 일도 두 개, 세 개 하게 되는 것을 흔하게 볼 수 있다. 이렇게 봉사하면서 교회에서 듣게 되는 칭찬이 좋았다. 존재감을 확인할 수 있었고, 공부하느라 받는 스트레스를 뒤로 미룰 수 있었다. 그것이 교회를 섬기는 자원하는 마음에서 시작되었는지 칭찬의 달콤함과 세상으로부터의 도피가 목적이었는지 알 수 없을 정도로 나를 혼란스럽고 헷갈리게 만들었다. 그러나 거기에서 빠져나올 수가 없었다. 딱히 다른 방법이나 대안이 없었다. 예배와 봉사에 참여하며 받은 은혜와 누리는 것들이 참 많았지만 절대 공부량이 필요한 고시와는 점점 멀어지는 길이었다.

어느 주일 아침, 여느 때와 마찬가지로 성가대 연습을 하고 있었다. 함께 성가대를 하던 동생인데 공무원 준비를 한다고 2–3년 정도 안 보이다가 합격을 하고 돌아왔다. 많은 사람이 축하를 해 줬고, 나 역시 잘했다고, 수고했다고 축하해 주었다. 그때 격렬하게 축하해 주시던 분들 중 한 분이 나를 돌아보며 말씀하셨다.

"너는 뭐하냐? 언제 합격할래? 빨리 합격해야지!"

그 얘기를 듣는 순간 가슴이 무너지는 것 같았다. 물론 평소

"지난 일들을 떠올려 보니 그것은 다 나의 문제였다.
나의 삶이 회복되지 못하고 나아지는 게 없으니
모든 사람의 말을 부정적으로 받아들였다."

격의 없이 지내는 분이었지만 작아질 대로 작아진 나의 자존감으로는 그 말을 받아 낼 수가 없었다. 속으로는 울면서 혼잣말을 중얼거렸다.

'뭐하긴 뭐해요! 성가대에서 악보랑 가운 정리하고 있잖아요! 저도 주일에 교회 안 나오고 공부하고 싶지만 그렇게 할 수 없는데 어떡해요!'

시험에 합격하지 못하는 것을 교회 봉사 때문이라고 핑계를 대고 싶었나 보다. 어느덧 교회 봉사는 나에게 구실 좋은 거룩한 핑곗거리가 되어 있었다. 이미 건드려진 나의 가슴을 진정시킬 수 없었다.

그날 저녁 지금은 일본 선교사로 떠난 동기와 통화를 하게 되었다. 낮에 있었던 일을 이야기하니 그 친구가 이렇게 말했다.

"병철아, 넌 그래도 그 시간 동안 하나님과 동행했잖아."

"하나님과 동행해서 뭐? 내 인생이 이렇게 쭈글쭈글한데…."

과연 나는 그 시간 동안 하나님과 동행했던 것일까? 감정적으로 충만한 상태에 빠져 보기도 했지만 나의 잘됨과 못됨으로 인생을 쭈글쭈글하게 느꼈던 것을 보면 늘 그랬던 것 같지도 않다. 그리스도인들은 하나님과 동행하는 것을 최고의 미덕으로 여기지만 그때 들었던 이야기는 나에게 전혀 위로가 되지 않았다. 그렇게 나의 삶은 암담하고 헤어 나올 수 없는 터널 속에 있는 것만 같았다.

시간이 지나서 지난 일들을 떠올려 보니 그것은 다 나의 문제였다. 나의 삶이 회복되지 못하고 나아지는 게 없으니 모든 사람의 말을 부정적으로 받아들였다. 가볍게 웃으며 넘길 수 있는 말도 심각하게 의미를 부여하고 나에게 더 큰 상처를 내기 바빴던 것 같다.

지금은 그때 그 말을 하신 분과 아주 친밀하게 잘 지내고 있다. 아버지뻘 되시는 나이에 먼저 안부도 물어 주시고, 아주 작은 것도 챙겨 주시는 고마운 분이다.

수험생활을 하며 교회 봉사를 했던 지난 시간이 다시는 돌아가고 싶지 않을 정도로 힘들었지만, 그 당시는 신앙의 기초를 세우고, 내면에 여러 가지 생각을 정립하는 소중한 시간이었다. 그 시간 동안 하나님은 나와 동행하시며 나를 다듬고 빚어 가고 계셨던 것이다.

지금까지의 내 인생이 한순간이라도 존재하지 않는다면 지금의 나는 있을 수 없을 것이다. 그때는 알 수 없었지만 그 모든 순간을 함께하시고 동행하신 하나님께 감사드린다. 친구에게 했던 말이 너무 창피하고 민망하다. 하나님께 너무 죄송하다. 앞으로는 어떤 상황이 와도 그 시간이 하나님과 함께할 수 있다면 괜찮은 것이라고 말하는 사람이 될 수 있길 바란다.

그렇게 나의 수험생활은 계속되었다. 끝이 보이지 않았다. 결론을 알 수 없는 길이라 더 답답하게 느껴졌던 것 같다. 딱히 희망은 보이지 않았지만 발걸음은 매일 도서관으로 향하고 있었다.

하수구
뚫는
법대생

2
하수구를 만나
새롭게 시작된 나의 이야기

수험생활이 계속 이어지던 가운데 식사하고 커피만 마시면 속이 아프고 쓰려 왔다. 통증이 몇 달간 계속되어 병원에서 위 내시경 검사를 받았다. 검사를 마친 후 의사 선생님이 말씀하셨다.

"제가 수없이 위내시경을 해 봤지만 이렇게 깨끗한 위를 본 적이 없네요. 신경성 위염입니다. 뭐 스트레스 받는 일이 많으신가 봐요."

"네, 지금 고시공부를 하고 있습니다."

"저도 의사고시 준비할 때 그랬습니다. 낫는 방법은 딱 두 가지입니다. 공부를 그만두거나 하루빨리 합격하는 겁니다."

분명히 아파도 크게 아픈 것이라고 생각했는데 단지 스트레스 때문에 그런 증상이 나타난다는 게 놀라웠다. 결국 수험생활 동안 안고 가야 하는 혹과 같은 것이었다.

사법고시에 계속 떨어지면서 다른 시험을 준비하게 되었다. 이제는 하루라도 빨리 취업을 하고 자리를 잡는 게 급선무였다. 그래서 선택하게 된 시험이 공인 노무사 시험이었다. 과목도 훨씬 적고 공부량이 적어서 해 볼 수 있을 것 같았다. 정말 신기했다. 공인 노무사 시험을 준비하면서부터는 배가 아프지 않았다. 그만큼 사법고시에 대한 부담감이 나에게 엄청나게 다가왔었나 보다. 같은 공부를 하는데 거짓말처럼 이렇게 배가 안 아플 수 있단 말인가!

하지만 노무사 시험도 만만치 않았다. 1차 객관식 시험은 사법시험과 중복되는 과목도 있고, 사법시험은 8지선다형의 객관식 문제였지만, 노무사 시험은 5지선다형으로 지문이 상대적으로 짧아서 한 번에 합격할 수 있었다. 문제는 2차였다. 사법시험과 마찬가지로 주관식 서술형과 단문 형태의 문제였다. 주관식은 객관식과 차원이 달랐다. 문제를 받자마자 곧바로 술술 써 내려가야 시간 안에 다 쓸 수 있는 시험이었다. 머릿속에 모든 문장이 준비되어 툭 치면 튀어나와야 합격할 수 있는 시험이었다. 노무사 시험도 2차 시험은 나에게 너무나 버거웠다.

노무사 2차 시험은 4일 동안 보는 사법고시 2차 시험과 다르게 이틀 동안 진행되는데, 첫째 날 시험이 끝나고 다음 날 시험을 준비하는 것이 상상을 초월할 정도로 힘이 들었다. 다음 날 시험을 준비하기 위해서는 시험을 마치고 와서 바로 책상에 앉아 몇 시간을 집중해야 했다. 그런데 잠이 쏟아졌고, 잠을 쫓고 각성하기 위해 약국에서 엠플이라는 것을 사서 먹어 가며 공부했다. 엠플은 고시생들 사이에서 매우 유명한 약이다. 잠을 쫓고 피로회복을 돕는 약인데, 사실인지는 모르겠지만 사법연수원에서 이 약을 먹고 며칠 동안 잠을 안 자고 공부를 하다가 죽은 사람이 있다는 소문이 돌 정도로 강력한 효과가 있는 약이었다. 약을 먹으니 잠은 오지 않았지만 몽롱해서 공부를 할 수가 없었다. 이때 공부하면서 처음으로 눈물을 흘려 보았던 것 같다.

노무사 1차 시험에 합격을 하면 그해에 초시를 보고, 다음 해에 2차 시험으로 재시의 기회가 주어진다. 1차 시험에 합격하면 2차 시험에 응시할 수 있는 기회가 총 두 번 생기는 것이다. 그렇게 네 번의 2차 시험을 보고도 합격하지 못하고 계속 수험 생활을 이어 나가고 있었다.

어느덧 35세의 나이가 되었다. 군 제대 후에 공부를 시작했으니 어림잡아 10년은 고시공부를 했던 것 같다. 이런 나를 옆에서 지켜보시던 청년부 목사님이 많이 답답하셨던 것 같다. 어느 날 목사님께 전화 한 통이 걸려 왔다.

"병철아, 내가 너를 무시해서 하는 소리가 아니고, 이전에 사역하던 교회에서 알게 된 집사님이 하시는 사업인데 네가 한번 경험해 봤으면 해서…. 수입도 괜찮고, 시간도 자유롭게 낼 수 있거든. 저녁에는 니 공부도 할 수 있을 것 같아. 그런데 조금 힘들고 지저분한 것도 많이 만질 수 있는데 한번 가 볼래? 사업을 시작하려면 2천만 원 정도 필요하다고 하던데, 없으면 목사님이 빌려 줄 테니까 한번 가 봐."

힘들고 지저분한 일을 추천해서 자존심 상할 수도 있겠다는 생각이 드셨는지 아주 조심스럽게 말씀하셨다. 생각해 주셔서 감사하다고, 일단 경험해 보겠다고 말씀드리고, 바로 다음 날 사장님을 만나러 갔다.

하수구를 뚫고 언 수도를 녹인다고 하는데 정확히 무슨 일인지 전혀 감이 잡히지 않았다. 살면서 하수구가 막힌 것을 한 번도 보지 못했고, 수도가 언 것을 본 적이 없었다. 싱크대 배수구에 세정제를 부으시는 어머니의 모습과 세탁기의 물 나오는 곳이 얼어서 드라이로 녹이던 누나의 모습만 기억에 있었다. 도대체 이런 걸로 어떻게 돈을 벌 수 있다는 것인지 상상조차 할 수 없었다.

다음 날 아침 사장님은 1톤 화물차를 한 대 몰고 집 앞으로 오셨다. 차 안은 온갖 쓰레기와 공구로 가득했고, 점프수트로 된 겨울 작업복을 입고 나타나신 사장님은 그리 멋있어 보이지 않았다. 대한민국 수도인 서울에서, 내 고향에서나 볼 수 있을 법한 누추한 행색이 매우 낯설었다.

우리는 가볍게 인사만 나누고 현장으로 출동했다. 강남에 있는 복지관 건물인데 2층에 제빵을 하는 곳이 있어서 그런지 건물 메인 하수 배관이 막혀서 고압세척 작업을 해야 한다고 말씀하셨다.

작업은 아침에 시작해서 오후가 되어 끝났다. 시골 촌놈이어서였을까? 별로 힘든지 몰랐고, 지저분한지도 잘 몰랐다. 비위가 강한 나로서는 전혀 힘든 게 아니었다. 그리고 비염이 있던 나는 악취도 잘 맡지 못해서 일을 못할 정도는 아니었다.

현장이 끝나고 또 다른 일을 보여 주시겠다고 광진구 쪽으로 이동하셨다. 양변기에 아이 장난감이 들어갔다고 했다. 양변기를 뜯고 10분 만에 장난감을 꺼내 주셨다. 눈 깜짝할 사이에 10만 원을 받고 나오셨다.

그날 옆에서 사장님을 지켜보며 사장님의 하루 매출을 보았다. 160만 원의 매출을 올리셨다. 은행에 취업을 해도 300-400만 원 받는 친구들만 봐 왔고, 그것도 엄청 많이 버는 걸

"여태껏 공부하고 정치인이 되겠다고 말하고 다니던 놈이
하루아침에 배관 설비라니…"
그런 말을 듣게 될 것 같아 두려웠다.

로 알고 있는데, 하루에 160만 원이라니…. 나로서는 상상할 수도 없는 세계였다. 겨울에 수도가 얼면 더 많은 돈을 번다고 하셨다. 물론 오늘처럼 매일 돈을 벌지는 못하지만 300만 원짜리 공사도 종종 있다고 하셨다. 그렇게 일을 마치고 헤어지려는데 차비를 챙겨 주셨다. 15만 원이었다.

"너는 직원도 아니고 경험하러 온 거니까 차비만 줄게."

15만 원. 하루에 만 원도 쓰지 않는 나에게 15만 원은 엄청난 금액이었다.

사장님은 나에게 집에 가서 일을 할지 말지 잘 생각해 보라고 하셨다. 나는 생각할 시간을 3일만 달라고 했다. 일이 그렇게 힘들어 보이지도 않았고 엄청난 하루 매출에 일을 해 봐야겠다고 마음먹었다. 맘은 이미 기울었지만 모든 것에 신중하고 겁이 많았던 나는 쉽게 결단을 내리지 못하고 3일을 다 채운 뒤 말씀드리기로 했다.

그러나 하루가 지나자 남들의 시선과 말이 의식되기 시작했다. "여태껏 공부하고 정치인이 되겠다고 말하고 다니던 놈이 하루아침에 배관 설비라니…." 그런 말을 듣게 될 것 같아 두려웠다. 겁이 났다. 최대한 그런 상황과 맞닥뜨리고 싶지 않았다. 그렇게 3일이 지났고, 결국 일을 하지 않겠다고 말씀드렸다. 사장님은 알겠다고 아무렇지 않게 말씀하셨다.

참으로 '생각'이라는 것이 문제다. 내가 이 일을 선택한 후 아무도 나에게 그렇게 얘기한 사람이 없다. 실제로 그렇게 생각한 사람이 있더라도 그 생각을 나에게 전달하는 것은 또 다른 차원의 문제이다. 그런 생각이 존재하지도 않았고, 존재했더라도 내가 듣지 않으면 상관이 없는 것인데 상상으로 만들어 낸 말들이 아주 생생하게 현실이 되어 나를 괴롭혔다. 인생을 결정하는 매우 중요한 순간조차, 있지도 않은 말들이 있을 법한 말들로 만들어져 나를 조종하고 있었던 것이다.

사장님께 일을 하지 않겠다고 말씀드린 후, 집에도 이 소식을 전하기 위해 전화를 드렸다. 평생 연장 한 번 안 잡아 보고 나사를 풀 때 오른쪽으로 돌려야 하는지 왼쪽으로 돌려야 하는지도 모르는 아들이 배관 설비 일을 하겠다고 하니 어머니는 걱정이 되셨다고 한다. 하는 건 문제가 아닌데 익숙하지 않은 일이라서 한 달도 안 되어 금방 때려치운다고 하지는 않을지 걱정이 되셨는데, 내가 결국 일을 하지 않겠다는 말씀을 드리니 본인의 속내를 솔직히 꺼내 놓으셨다.

결국 달라진 건 아무것도 없었다. 지금까지 그래 왔던 것처럼 암담한 현실을 이어 가면 될 뿐이었다. 그렇게 그 일은 단순한 에피소드로 끝나는 것 같았다.

그 일이 있은 후 얼마 지나지 않아 교회 주일학교 고등부 겨울 수련회가 있었다. 교사로 봉사하고 있었기 때문에 당연히 수련회에 참석하게 되었다. 마음이 많이 힘들었다. 이런 상황에서도 봉사해야 하는 내가 불쌍하기도 했고 하나님이 원망스럽기도 했다. 가족과 친구들에게는 말도 못할 일이었다. 이 나이 먹도록 취업도 못하고 있는데 교회에서 그러고 있다는 말을 하기가 쉽지 않았다. 죄송했다. 무엇보다도 부모님께 불효를 하고 있는 것 같아 마음으로 울고 있었다. 그렇지만 내가 갈 곳이 딱히 없었다. 공부도 손에 안 잡히고, 맡은 게 있으니 책임은 져야겠다는 생각에 그 자리에 앉아 있을 수밖에 없었다.

수련회 일정에 따라 기도회가 시작되었다. 아이들을 위한 기도도 아니고, 그냥 내 신세 한탄하는 기도를 드렸다. 앞으로 뭘 어떻게 하고 살아야 하는지 막막하기만 했다. 공부는 하기 싫은데 할 게 공부밖에 없어 보이는 현실이 나의 목을 조여 왔다.

그런데 갑자기 가슴속에 뜨거운 불 같은 게 올라왔다. 정확히 말로는 표현할 수 없지만 아주 뜨거웠던 기억이 난다. 그러면서 무조건 하수구 설비 사업을 해야겠다는 마음이 올라왔다. 이유도 없었다. 그냥 무조건 그런 생각이 들었다. 이미 마음을 접고 생각도 하지 않고 있었는데 그런 마음이 들자 거부할 수가 없었다. 그렇게 기도회가 한창일 때 고등부실을 뛰쳐나와 일을 소개해 주신 목사님께 전화를 걸었다. 근처에 계시던 목사님은 나를 만나기 위해 고등부실로 오셨다.

"만약에 네가 내 친동생이었다면 쥐어 패서라도 그 일 시키려고 했다. 그런데 네가 싫다고 하니 어쩔 수가 없더라. 이제라도 늦지 않았으니 사장님께 다시 전화드려 봐. 매몰차게 못하게 하시지는 않을 것 같아."

나는 곧바로 사장님께 전화를 드렸다.

"너 후회 안 할 자신 있나?"

"네, 절대 그럴 일 없습니다."

"좋아. 내일 당장 차 사고, 사업자 등록하고, 카드단말기 만들고, 명함 만들어! 차 사면 연락해. 차 세팅해 줄 테니까."

여러 번 마음의 갈등이 있었지만, 이렇게 나와 하수구의 인연이 맺어지게 되었고, 나의 새로운 이야기가 시작되었다.

사람이 마음으로 자기의 길을 계획할지라도
그의 걸음을 인도하시는 이는 여호와시니라

− 잠언 18:9

하수구
뚫는
법대생

<u>3</u>
사업 준비
이야기

    상·하수도 배관 설비 사업을 시작하기 위해서는 차가 필요했다. 자동차에 모든 장비와 부속을 세팅해 놓고 고객에게 전화가 오면 출장 방문하여 문제를 해결해 주는 구조였다. 보통 화물차라고 하면 포터나 봉고를 얘기한다. 그런데 먼저 일을 시작하신 사장님들 대부분이 스타렉스3 밴으로 다니셨기에 나도 그 차를 구입하기로 마음먹었다.

    중고차를 알아봐도 대충 1천만 원 정도가 필요하고 여러 가지 자재와 장비를 구입하는 것까지 포함하면 대략 2천만 원 정도의 돈이 필요했다. 당시 아르바이트와 과외로 번 돈이 대략 300만 원 정도 있었다. 턱없이 부족한 돈이었다. 필요한 자금을 어떻게 마련해야 할지 막막하기만 했다. 사업을 시작하는데 2천만 원이 들어가는 건 매우 적은 것이라고 한다. 조그만 프랜차이즈 카페나 가게를 차리려고 해도 상가 임대료에 보증금, 월 고정비가 몇 배는 들어간다고 한다. 뿐만 아니라 처음에 투자한 2천만 원을 다 없애는 것이 아니고 차와 장비를 팔면 그대로 남는 돈이니, 이렇게 시작하는 사업은 없을 것이라고 사장님이 말씀해 주셨다.

그건 알겠는데 나머지 부족한 돈은 어떻게 채워야 하나….

부모님께 부탁을 드리고 싶지는 않았다. 한 달 정도 일을 하고 매출을 올려서 뭔가 성과를 낸 다음에 말씀드리고 싶었다. 일을 중간에 포기할까 봐 걱정이 됐다는 어머니의 말씀이 생각나서 반드시 그렇게 해야겠다고 마음먹었다. 그럼 돈을 어떻게 구한담…. 일단 평소 돈에 여유가 있는 친구들과 선배들에게 전화를 해 보기로 했다.

하룻저녁에 몇 백만 원을 술값으로 쓰고, 주식이나 부동산 등의 재테크로 많은 돈을 벌었다고 자랑하고 다니던 친구가 있었다. 그 친구라면 몇 백 정도는 빌릴 수 있을 것 같았다. 하지만 돌아오는 대답은 미안하다는 말이었다. 빌려 줄 돈이 없다고 했다. 다만 은행에 다니고 있어서 대출은 알아봐 줄 수 있다고 했다. 하지만 그동안 경제활동을 한 적이 없어서 제1금융권에서는 대출이 안 되는 상황이었다. 결국 그 친구를 통해서는 돈을 해결할 수 없었다. 돈을 잘 번다고, 술값으로 얼마를 썼다고 자랑이나 하지 말지, 하는 서운한 마음이 들었다. 나중에 알게 된 이야기지만 그 친구에게 돈을 부탁하는 친구들이 많아서, 돈 때문에 고생을 했다고 한다.

어쨌든 나는 당장 돈이 필요했고, 서운한 마음을 품고 있을 여유가 없었다. 급하게 다른 친구들에게 또 연락을 해 봤다. 하지만 돌아오는 대답은 다들 미안하다는 말뿐이었다. 평상시에 돈을 잘 번다고 자랑이나 하지 말지…. 온갖 폼은 다 재고 다니면서 돈 백만 원도 빌려 줄 수 없다는 사람들이 야속하기만 했다. 그러나 다들 가정이 있는 사람들이었다. 필요한 돈도 많을 것이고, 모든 지출은 아내와 상의해야 할 테니, 한편으로는 그 친구들의 마음이 이해되었다. 서운함은 잠시뿐이었고, 마음에 오래 담아 두지는 않았다.

그중 한 친구는 몇 백만 원은 빌려 줄 수 없지만, 본인이 쓸 수 있는 여윳돈 30만 원 정도를 그냥 주겠다고 했다. 지푸라기라도 잡고 싶은 심정이었기에 고맙게 그 돈을 받았다. 여러 거절 가운데 나를 생각하고 마음을 써 주는 그 친구가 정말 고마웠다.

같은 교회에 다니는 동생에게 전화가 왔다. 같은 소그룹에서 순장과 순원으로 아는 사이였다. 나의 사정을 알고 본인에게 있는 돈 40만 원을 주겠다고 했다. 그 동생은 대학원에 다니고 있었는데 학기 초에 연구비로 400만 원 정도가 나온다고 한다. 그 돈의 십일조를 해야 하나 말아야 하나 고민하면서 못하고 있던 차에 내 소식을 들었고, 십일조 낸다고 생각하고 그 돈을 나에게 주고 싶다는 것이었다. 그 동생의 십일조를 내가 받아도 되나? 율법의 십일조가 고아와 과부들, 구제가 필요한 사람들을 위한 것이었다는 어느 책의 내용이 생각났다. 이게 맞는지 틀린지 잘 모르겠지만 나는 돈이 필요했다. 2천만 원에는 턱없이 부족한 돈이었지만 하나님이 주시는 것이라 생각하고 헛되게 사용하지 않고 소중하게 사용하겠다고 다짐하며 받았다.

그러나 아무리 알아봐도 더 이상의 돈을 구할 수 없었다. 그때 나에게 일을 추천해 주시면서 돈이 없으면 직접 빌려 주시겠다던 목사님의 말씀이 생각나서 목사님께 전화를 드렸다. 지금 생각하면 정말 말도 안 되는 행동이었다. 목회자에게 돈을 빌리겠다고 전화를 하다니…. 하지만 나에게는 뭔가 해결책이 필요했고, 어디라도 의지하고 싶었다.

"목사님, 이전에 저 사업 시작하면 돈 빌려 줄 수 있다고 하셨잖아요…. 얼마까지 해 주실 수 있으세요?"

내 말을 들으신 목사님은 당황하시며 이렇게 말씀하셨다.

"정말 미안한데 내가 지금 당장은 빌려 줄 돈이 없고, 대출해서 빌려 줄게."

대출이라니, 말도 안 될 일이었다. 자녀가 넷에 아주 적은 금액의 사례금을 받고 계신다는 것을 누구보다 잘 알고 있었기 때문에 일을 못하면 못했지 대출까지 하시게 해서 빌리고 싶지는 않았다. 돈은 빌릴 수 없었지만 나를 향한 목사님의 마음과 사랑을 확인할 수 있는 시간이었다. 본인도 어려우시면서 대출을 해 주시겠다니…. 그분은 빈말이 아니라 진짜 해 주실 마음이었다. 나를 위해 대출까지 하실 수 있다는 목사님의 말씀이 너무 감사했다. 그 마음만으로 충분했다.

결혼을 해서 자녀가 둘 있는 누나와 오랫동안 함께 지냈다. 누나와 매형이 주말부부였고, 고시공부로 형편이 좋지 않았던 나는 누나 집에 얹혀서 살고 있었다. 누나는 사업에 관한 모든 이야기를 알고 있었다. 최근에 일천만 원짜리 적금 만기가 끝나서 빌려 주고 싶은 마음은 굴뚝같지만 매형이 모은 돈이기 때문에 혼자 결정할 수 없었고, 매형에게 말을 꺼내기도 미안한 상황이었다. 누나는 나에게 계속 미안하다고 말했다. 하지만 나는 어쩔 수 없다는 걸 알기에 괜찮다고 했다. 그러던 어느 날 누나와 매형이 내가 어떻게 사는지 이야기를 나누었다고 한다.

"요즘 병철이가 이래저래 사업을 준비하고 있는데 돈이 필요하다고 하네. 그래서 지금 돈 구하고 다니나 봐."

"그래? 우리 얼마 전에 천만 원 적금 만기 끝난 거 있잖아. 그거 처남 빌려 주면 되겠네."

매형한테 미안해서 직접 말은 못하고 발만 동동 구르고 있었는데, 매형이 먼저 말을 꺼낸 것이었다. 정말 너무 고마웠다. 평생을 고맙게 생각하며 갚아야 할 은혜였다. 그동안 뒷바라지 해 준 것도 너무 고마운데 이렇게 큰돈을 선뜻 빌려 준 누나 부부에게 정말 고마웠다. 이제 600~700만 원만 더 있으면 사업을 시작할 수 있었다. 하지만 아무리 알아봐도 더 이상의 돈은 빌릴 수가 없었다. 그러던 중 캐피털에서는 돈을 빌릴 수 있다는 이야기를 들었다. 내가 그동안 경제활동을 하지 않았기 때문에 제1금융권에서는 돈을 빌릴 수 없지만 캐피털은 가능하다는 것이었다. 거기서 700만 원을 빌리기로 했다. 14.9퍼센트의 이자를 내면서 2년 후에 상환하는 조건이었다. 매달 원금과 이자를 함께 상환하기로 했다. 월 30만 원이 조금 넘는 돈이었다. 대출이란 것을 해 본 적이 없고, 캐피털에서 돈을 빌리면 망하는 줄만 알았다. 그런 마음으로 목사님께 전화를 걸었는데 뜻밖의 말씀을 해 주셨다.

"병철아, 사업을 하면 30만 원은 돈도 아니다. 몇 백이 들어가는 것도 아니고, 매달 30만 원 투자한다고 생각해라. 매달 30만 원으로 할 수 있는 사업은 어디에도 없을 거다."

돈을 벌어 본 적이 없는 나에게는 매달 30만 원도 엄청 큰돈이었다. 사회 경험이 많으신 목사님의 말을 믿고 따라가 보기로 했다. 지금 생각하면 정말 웃음밖에 안 나오는 상황이었다. 사회에 대해 아무것도 모르는 나는 모든 것이 신기하고 새롭기만 했다.

돈이 마련되자 모든 것이 일사천리로 진행되었다. 중고차 딜러도 만나고, 세무서에도 가 보고, 명함과 카드단말기를 만들기 위해 무척 분주했다. 차를 구입한 뒤 사장님께 연락을 드렸더니 창고로 오라고 하셨다. 각 파이프를 구입해서 용접을 하며 직접 화물칸 아래에 선반을 만들어 주셨다. 짐이 워낙 많이 들어가기 때문에 제대로 수납을 하기 위해서는 화물칸을 선반으로 나눠야 효율적으로 사용할 수 있었다. 그렇게 선반을 짜고 각종 자재와 장비를 사서 차량 세팅을 완료했다. 이제 현장에 나가서 일만 배우면 될 일이었다.

이 글을 읽는 독자들은 한 가지 의아한 점이 있을 것이다. 분명 사업자 등록을 하고 개인 사업을 하는데, 내가 "사장님"이라고 부르는 사람은 대체 누구인지 궁금할 것이다. 일하는 모든 분이 사업자 등록을 하고 각자 사업을 운영하지만 회사에 광고비를 내고 그렇게 모인 돈으로 광고를 해서 순서대로 일을 받는 구조였다. 어떻게 보면 지입이나 협동조합과 비슷한 구조다. 사업자 등록을 했지만 완전히 독립한 개인 사업체라고 보기는 힘들고 영업과 마케팅은 회사에 의지하는 구조였다. 일을 가르쳐 주고 광고비를 받아서 광고를 집행하고 일을 분배하는 역할을 하시는 분을 우리는 보통 "사장님"이라고 불렀다. 그리고 나 같은 사람에게는 "실장님"이라는 호칭을 사용했다. 모두가 사장이지만 그 안에서는 광고 운영하는 사장님만 "사장님"이라고 불렀던 것이다.

사장님은 나에게 일을 가르쳐 주기 위해 내 차로 함께 일을 다니셨다. 보통 처음에 일을 배울 때는 3일 정도 함께 다닌 뒤 혼자 다니게 하지만 여러 가지 사정으로 나와는 계속 같이 일을 하셨다. 뉴질랜드로 이민을 가셔서 종종 한국에 안 계실 때도 있었지만 한국에 돌아오면 꼭 나와 함께 일을 다니셨다. 그래서 나는 더 많이 제대로 일을 배울 수 있었다. 공부만 하다가 처음 잡아 보는 연장이었기에 당연히 서툴 수밖에 없었다. 비슷한 시기에 회사에 같이 들어온 한 동생은 힘도 좋고 공병으로 군대를 다녀 와서 연장을 다루는 솜씨가 나보다 훨씬 능숙

했다. 눈물이 쏙 빠지게 혼나면서 일을 배웠지만 서툴기만 한 내가 빨리 능숙해지게 하기 위해 하나님은 사장님과 나를 같이 다니게 하셨던 것 같다.

이런 사업을 한다고 지인들에게 이야기하면 다들 걱정이 앞섰다. 가장 큰 걱정은 매달 회사에 내는 광고비였다. 웬만한 사람 월급에 해당하는 250만 원을 매달 회사에 광고비로 지출했기 때문이다. 사장님은 그 돈으로 매달 1천만 원에서 1천 5백만 원에 상당하는 광고를 집행하신다고 했다. 하지만 내 말을 들은 지인들은 "너무 많은 돈을 매달 회사에 내는 것 같다." "그 사람 사기꾼 아니냐?" "뭔가 이상한 회사 아니냐?"라고 걱정을 해 주었다. 나도 경험해 보지 못했기에 온전히 확신할 수는 없었다. 그렇지만 일을 소개시켜 주신 목사님을 믿었기에 계속 진행해 나갈 수 있었다. 목사님은 이전 교회에 있을 때도 아무것도 없는 청년들과 집사님들이 그 회사에 들어가서 자리 잡는 모습을 봤다고 말씀해 주셨다. 그런 목사님을 믿었고, 기도실의 뜨거운 불을 믿었기에 나는 계속 일을 진행해 나갈 수 있었다.

"광고비가 너무 많은 거 같냐? 그럼 250만 원을 내든지 매출을 6:4로 정산하든지 너 좋을 대로 결정해라."

"그런데 6:4로 광고비를 내면 아마 너희들이 나에게 주는 돈이 250만 원보다 더 많을 거다."

함께 일을 시작한 동생은 매달 250만 원을 낼 자신이 없어서 6:4로 광고비를 냈다. 그런데 2주도 되지 않아 다시 250만 원을 내겠다고 했다. 감당할 수 없을 정도로 많은 일이 들어와서 매출이 금방 늘어났기 때문이다.

그렇게 일을 시작하고 한 달이 지났다. 이제는 어머니께 일을 하고 있다고 말씀드려야 했다. 모든 이야기를 들으신 어머니는 이렇게 말씀하셨다.

"할 만하냐? 아이고, 우리 아들이 몽키를 어느 쪽으로 돌려야 되는지도 모르는데 이런 일을 하네. 신기하구먼."

어머니께 말씀을 드리고 나니 뭔가 큰 짐을 내려놓은 것만 같았다. 문제는 아버지였다. 원래 무뚝뚝하신 아버지와 전화통화도 잘 하지 않았기에 공부를 그만두고 설비 일을 한다는 말씀을 드리는 것이 더 어려웠다. 나에 대한 기대로 실망도 크실 것 같아서 차마 말씀을 드리지 못했다. 어머니가 아버지께 말씀드리시겠지만 나중에 집에 내려가서 얼굴 뵙고 직접 말씀드려야겠다고 마음먹었다.

일을 시작한 지 넉 달 정도 지났을 때, 동생 결혼식이 있어서 집에 내려갔다. 예식을 마치고 아버지 방에 크게 심호흡을 하고 들어갔다.

"아빠, 저 일 시작한 거 아시죠?"

"응, 알고 있다. 재미있냐?"

"네, 재미있어요."

"그럼 됐다."

그 순간 눈물이 핑 돌았다. 자식에 대한 기대감으로 실망감을 표출하시지 않을까 내심 걱정했지만 아버지는 내가 재미있으면 된다고 말씀하셨다. 뭘 하든 재미있기만 하면 된다고 말이다. 세상 그 어떤 말보다도 아버지가 내게 해 주실 수 있는 가장 큰 응원과 격려의 말이었다.

그때 부모님의 마음을 알았다. 세상의 모든 부모는 자식이 크게 성공하는 것보다, 스스로 밥벌이하고 결혼해서 아들딸 낳고 살면 그것으로 만족하신다는 것을 말이다. 아니, 어쩌면 나의 어머니와 아버지도 내가 크게 성공하길 바라셨을 수도 있다. 자식의 성공을 바라지 않는 부모가 어디 있겠는가. 그렇지만 30대 중반이 되어서까지 공부하는 자식을 보며 마음이 닳고 닳으셔서 그렇게 되지 않으셨을까 생각해 본다.

이제 모든 준비가 끝났다. 열심히 달리기만 하면 될 일이었다. 가족들의 응원과 지지는 다시 한 번 힘을 낼 수 있게 해 주었다.

사업을 하면서 가장 좋았던 것은
하루에도 여러 번의 성취감을 느낄 수 있다는 것이었다.

하수구
뚫는
법대생

4
쉬운 일은
없다

기도실에서 결단한 뒤 모든 사업 준비가 2주 만에 완료되었
다. 돈을 마련하여 차를 사고, 수납공간을 세팅한 후 자재와 공
구 구입을 마쳤다. 사업자 등록도 했고, 직인과 카드단말기, 명
함 제작도 마쳤다. 전자세금계산서 발행을 위해 기업통장과 공
인인증서, 국세청 홈택스 회원 가입까지 완료했다. 이제 현장에
나가서 일을 하고 올 모든 준비가 완료되었다.

그렇지만 내가 혼자 할 수 있는 일은 아무것도 없었다. 사
장님께서 나와 함께 다니면서 하나하나 가르쳐 주시기 시작했
다. 현장에 나가서 원인을 파악하고 공구를 다뤄 일을 해결하
는 것은 당연하고, 전화로 고객 응대는 어떻게 하는지, 현장에
방문해서 어떻게 고객을 대하는지 등의 모든 노하우를 몸소 보

여 주셨다. 심지어 오랜만에 운전을 해서 운전이 서툴렀는데 각 상황에 맞게 어떻게 운전을 해야 하는지도 알려 주셨다. "우리 일은 시간이 생명이다. 운전하는 것도 일이야."라고 말씀해 주셨다. 차선 변경이 서툴고, 버스 뒤만 쫓아가는 나를 보고 사장님이 말씀하셨다.

"내가 너 운전까지 가르쳐야 하나?"

옆에 누가 타고 있으니 더 부담이 되어 더 많이 실수했다. 그래도 조금씩 운전이 늘어 갔다.

사장님이 쉬시는 어느 날 혼자서 현장에 나갔다. 회사로부터 고객의 전화번호를 받고, 다시 고객에게 전화해서 주소를 받은 뒤 현장에 도착해서 일을 해결해 줘야 했다. 이 모든 걸 나 혼자서 해야 했다. 전화번호를 받고 고객에게 전화를 하려고 하는데 심장이 터지려고 했다. 혹시 실수는 하지 않을지 너무 어리숙하게 보이진 않을지 걱정이 되었다. 사장님이 하시던 행동을 되짚어 보았다.

"안녕하세요. 하수구 설비업체입니다. 뭐가 불편해서 전화를 주셨어요?"

변기가 막혀서 전화를 하셨다고 했다.

"네, 주소 말씀해 주시면 금방 방문해서 해결해 드리겠습니다."

그렇게 주소를 받고 현장에 도착했다. 도로명 주소로 바뀐 뒤에는 주소로 집을 찾아가는 것도 쉽지가 않았다. 배달 기사님들은 어떻게 이걸 업으로 하시는지 존경스러웠다. 좁은 골목길에 주차하는 것도 쉽지가 않았다. 주차 딱지를 떼지 않고, 현장에서 가장 가까운 곳에 안전하게 주차하는 것도 이 일을 위한 기술이었다.

현장에 도착하니 변기가 막혀 있었다. 변기가 막히는 원인은 정말로 다양한데 휴지나 변 때문에 막힌 경우는 아주 쉽고 간단하게 해결이 된다. 아마도 우리가 하는 일 중에서 가장 쉬운 일이 아닐까 싶을 정도로 금방 해결하고 나올 수 있는 일이다.

그렇지만 사장님과 현장에 올 때와 혼자 현장에 있을 때의 느낌은 하늘과 땅 차이였다. 두근대는 가슴을 주체할 수 없었다. 다행히 간단하게 막힌 것이어서 10분 만에 해결이 되었다. 비용을 받고 나오는 성취감은 그 어떤 말로도 표현할 수가 없었다.

고시공부를 하면서 성취감을 느끼는 길은 합격밖에 없었다. 1년 동안 아무리 열심히 공부했어도 시험에 떨어지면 "너 공부 안 했네." "너 놀았구나."라는 말을 듣기 일쑤였다. 아무리 열심히 공부했어도 불합격하면 1년간의 모든 수고와 노력은 누구도 알아주지 않는 허망한 것이 되어 버렸다.

반면에 사업을 하면서 돈도 벌고 여러 가지 좋은 것이 많았지만, 가장 좋았던 것은 하루에도 여러 번의 성취감을 느낄 수 있다는 것이었다. 고시공부를 할 때에는 잘해야 1년에 한 번 성취감을 경험하는데, 이 일은 많으면 하루에도 5-6회는 성취감을 경험할 수 있었다.

그것만으로도 좋았다. 막힌 하수구와 변기가 뚫리고 물이 내려가면 돈을 벌어서 좋았고, 문제를 해결했다는 성취감, 그 자체만으로도 좋았다. 사업을 시작한 지 한 달 만에 수백 번의 성취감을 맛볼 수 있는 이 일이 좋았다. 아직도 첫 번째 현장의 분위기와 집 안의 조명, 그곳의 냄새가 기억나는 듯하다. 마주했던 고객의 모습과 막힌 변기의 모습이 사진을 찍은 것처럼 기억에 또렷이 남아 있다.

사장님은 당시 이 업계에서 15년 이상의 경력으로 사업을 확장하신 전문가였다. 특히 일을 정말 잘하셨다. 사장님이 가면 해결하지 못하는 일이 없었고, 다른 업체에서 해결하지 못하는 일도 뚝딱 해결해 주고 나오셨다.

평소에는 장난도 잘 치시고 온화한 분이지만 일만 하면 눈빛이 바뀌셨다. 어떤 때에는 자기 일에 온전히 몰입하는 그 모습이 멋져 보이기도 했다. 진짜 전문가다운 모습이었다. 희한하게도 일을 할때에는 예민해지고 신경이 날카로워지셨다. 말도 거칠게 하시고 손찌검도 하셨다. 그러다 일이 끝나면 언제 그랬냐는 듯이 다시 온화한 모습으로 바뀌고 뒤끝도 없으셨다. 무엇보다 돈 문제로 서운하게 하지 않으셨기에 열심히 배워야겠다고 생각했다. 그러나 일만 시작하면 눈빛이 바뀌시고 욕을 하며 뒤통수를 때리시는 것은 견딜 수가 없었다.

"형님!(대외적으로는 사장님이라고 부르지만 둘이 있을 땐 형님이라고 부르라고 하셨다) 욕하는 건 얼마든지 괜찮은데요, 머리는 때리지 않으시면 좋겠어요."

"왜? 자존심 상하냐?"

"그런 건 아닌데 아무튼 손찌검만 안 하시면 좋겠습니다."

나로서는 며칠을 고민하고 드린 말씀이었다. 그 말을 들으신 사장님은 알겠다고 하셨다. 하지만 이내 또 그러셨고, 나도 모르게 말없이 사장님을 응시하게 되었다. 그 후로는 아무 말도 하지 않았는데 뭔가 느끼신 게 있으셨는지 언제인가부터는 손찌검을 하지 않으셨다.

하루는 옥수동에 있는 어느 네일숍으로 일을 나갔다. 여전히 나는 일이 서툴렀고, 사장님은 불같이 화를 내셨다. 그 모습을 지켜보던 네일숍 사장님이 일을 가르치던 직원에게 이렇게 얘기하셨다.

"○○야, 여기 사장님 좀 봐라. 나는 너한테 심하게 하는 것도 아니야. 감사한 줄 알고 열심히 해라!"

그러자 형님이 그 말에 대꾸하셨다.

"우리 때는 일 배울 때 연장이 날아다녔어요. 이런 건 아무것도 아니에요."

이 말을 듣고 있던 네 명 모두가 껄껄 웃었다.

일을 시작한 지 3년 정도 지났을 때, 아는 동생이 회사에 입사했다. 사장님과 내가 탄 차를 따라다니면서 일을 배웠다. 일하면서 사장님이 나를 혼내시는 것을 보며 그 동생이 나에게 말했다.

"사장님이 유독 형한테 더 심하게 뭐라고 하시는 것 같아요."

"응, 형이랑 같이 오래 다니셔서 내가 편하고 익숙해져서 그러신가 봐."

오랜 세월이 지나면서 사장님의 진심을 알았고, 평소 어떤 분인 줄 알았기 때문에 그렇게 말할 여유가 생겼던 것 같다.

"미련한 놈아!" "멍청한 놈아!"라는 얘기를 들을 때에는 정말 서러웠고 울컥하기도 했다. 하지만 사장님은 고등학교밖에 안 나오셨고 나는 4년제 대학을 나왔을지라도 설비 일에 관해서는 내가 미련하고 멍청한 게 맞다는 생각이 들었다. 일을 시작한 이상 어떻게든 악착같이 배워야겠다고 생각했다. 되돌아보면 한창 취업할 나이인 20대 중후반에서부터 30대에 이른 청년들은 이미 직장에서 나와 같은 일들을 겪었을 것이다. 35세에 그런 일을 겪다 보니 더 서럽게 느껴졌을 뿐이다.

'이런 게 사회구나. 취업한 모든 사람이 이미 겪은 일이겠구나. 나만 특별하게 억울한 게 아니겠구나.'라고 생각하니 기꺼이 그 모든 상황을 감내할 수 있었다.

사실 사장님이 그러시는 건 이유가 있었다. 워낙 위험한 장비를 다루고, 긴급한 상황에 대처하다 보니 예민해질 수밖에 없었다. 조금만 정신을 차리지 않아도 큰 사고가 나기 때문이다. 군대에서도 위험한 훈련을 앞두고는 교관들이 더 긴장하고 엄격하게 훈련을 진행한다. 사장님도 혹시 모를 사고의 위험 때문에 그렇게 엄하게 나를 다루셨을 것이다.

그렇게 6년이 지난 지금, 사장님과 나는 미운 정 고운 정이 들었고, 사장님은 다른 실장님이나 다른 분들에게 나를 소개하실 때 꼭 이런 말씀을 하신다.

"병철이가 아무것도 몰랐는데 그래도 나랑 같이 일을 많이 다녀서 제일 기술도 좋고, 일을 잘해."

"병철이가 아무것도 몰랐는데 그래도
나랑 같이 일을 많이 다녀서 제일 기술도 좋고, 일을 잘해."

실제로 내가 기술이 제일 좋은지는 잘 모르겠다. 하지만 6년 전에는 매일 혼만 났던 내가 이런 말을 들으니 사장님께 인정을 받는 것 같아서 기분이 정말 좋았다.

상하수도 배관 설비 일이 더러운 것도 많이 만지고 힘이 들어서 그런지 공사 비용이 큰 편이다. 그만큼 위험도 따르는 업종이다. 지저분한 걸 보고 만지는 것은 차치하고, 수도관이 잘못 연결되면 물난리가 나는 경우가 있고, 하수 배관이 깨지거나 통수 스프링이 배관에 끼어서 안 나오는 경우도 비일비재하다. 실제로 어떤 분은 크게 사고가 나서 회사에 수천만 원을 배상하셨다고 한다. 그래서 일을 하러 나가는 나에게 사장님은 항상 말씀하신다.

"30년 넘은 건물은 배관이 깨질 수 있으니까 꼭 얘기를 하고 작업을 시작해야 한다."

"그리고 아래층이 은행이나 보험회사면 혹시라도 물난리가 나서 컴퓨터에 물이 들어갈 수 있으니까 웬만하면 작업하지 말고 나와라. 은행 컴퓨터에 물이 들어가면 하던 일 다 정리하고 짐 싸서 고향 내려가야 하니까!"

지금은 어느 정도 일이 익숙해지고 스프링이 말릴지 안 말릴지 손끝의 감각으로 어느 정도 알 수 있게 되어 초반보다는 사고가 잘 나지 않는다. 하지만 배관 공사는 눈으로 보면서 하는 작업이 아니고, 오래된 배관은 아무리 조심해도 깨지는 경우가 많기 때문에 지금도 항상 조심한다. 처음에 함께 일을 시작했던 동생은 이 불안감을 이겨 내지 못하고 일을 그만두었다.

나도 처음 1~2년은 정말 사고가 많이 났다. 일이 서툴렀기 때문에 누구보다 사고가 많이 났다. 스프링이 하수 배관에서 말려서 안 나오는 경우가 가장 많았고, 하수 배관이 오래돼서 깨지는 경우도 많았다. 그래도 감사한 것은 그때마다 도와주는 사람들이 있어서 그 상황을 잘 넘길 수 있었다. 눈물 콧물 빼면서 선처해 달라고 빌어 보기도 했고, 보수 공사를 위해 많은 돈과 시간을 할애하기도 했다.

그렇게 한 번 사고가 나면 후유증이 며칠 갔다. 그날 일을 못 하는 건 당연했고, 한동안은 비슷한 일을 피하려고 했다. 그럴 때마다 불안감이 찾아왔고, '일을 계속해 나갈 수 있을까? 언제쯤 나는 사고 없이 능숙하게 일을 해낼 수 있을까?'라는 생각에 막막하기만 했다.

그래도 감사한 것은 포기하고 싶은 마음이 들지는 않았다는 것이다. 이 모든 것이 더 많이 능숙해지기 위해 투자하는 것이라고 생각했다. 시간과 돈과 감정을 쏟아부어야 내가 더 성장하고 더 좋은 엔지니어가 될 수 있을 거란 생각으로 스스로를 격려하고 위로했던 것 같다.

어설프고 답답하기만 했던 내가 이렇게 차곡차곡 경험을 쌓아 가기 시작했다.

나도 열심히 하면 사장님처럼 일 잘하는 엔지니어가 될 수 있을 거라는 기대감으로 하루하루를 채워 나갔다.

하수구
뚫는
법대생

5

"나는 상하수도 배관 설비
사업하는 사람입니다."

    사람은 다른 사람과 관계를 맺으며 인생을 살아간다. 그럴
때 반드시 필요한 것이 나를 소개하는 것이다. 초면에 다른 사
람에게 나를 소개할 때 단점을 소개하는 사람은 거의 없을 것
이다. 내가 이만큼 매력적인 사람이니 당신이 나와 인연을 맺고
관계를 이어 갈 만하다는 인상을 주기 위해 사람들은 자기소개
에 심혈을 기울인다.

    그렇게 '나'를 소개할 때 이름과 함께 반드시 등장하는 것이
바로 '일'이다. 무슨 일을 하고, 어떤 직장에 다니는지가 이름과
함께 자기 정체성을 보여 주는 중요한 것이기 때문이다.

    도대체 일이 무엇이기에 나를 정의하고 나를 설명할 수 있단

말인가? 고시공부와 사업을 하면서 나의 일은 달라졌다. 그러면서 일에 대한 나의 생각도 달라지기 시작했다.

고시공부 할 때의 나의 일, 즉 직업은 '고시생'이었다. 공부를 처음 시작하여 가능성이 무궁무진할 때의 '고시생'은 훈장과도 같았다. 무슨 일을 하느냐고 물으면 주저함 없이 얘기했다.

"고시공부하고 있습니다."

공부를 열심히 하는지 여부와 상관없이 고시를 준비한다는 말은 스스로를 대견하게 여기게 해 주었다.

그러나 고시공부 생활이 길어지면서 '고시생'은 더 이상 나에게 훈장이 되지 못했고, 누군가에게 나를 소개하는 시간이 곤욕처럼 여겨졌다. '이름, 30대 중반의 나이, 고시생'은 더 이상 자랑이 아니라 숨기고 싶은 상처가 되어 버렸다. 하고 있는 일, 즉 고시생이란 말을 빼고는 나를 설명하는 것이 사실상 불가능했다. 20대 중반의 고시생도 스무 살의 나를 가장 잘 표현하는 것이었고, 30대 중반의 고시생도 서른 살의 나를 가장 잘 표현하는 말이었다.

그제야 이기적이게도 내가 어떤 생각을 가지고 있고, 어떤 태도를 가지고 있으며, 어떤 성품을 가지고 있는지 등으로 사람들에게 평가받고 싶고 인식되고 싶다는 생각이 들었다. 그런 요소들로 '나'라는 사람을 설명할 수 있지, 일 따위가 나를 설명할 수 없다고 생각했다. 하지만 첫 만남의 짧은 시간에 이런 것들을 설명할 방법이 없었고, 설령 한다고 해도 상대방에겐 따분하고 지루한 시간이 될 것이 뻔했다.

사업을 시작하고 비즈니스 선교 모임에 나가면서 나를 소개하는 시간이 많아졌다. 무슨 일을 하고 있다고 일로 자기를 소개하는 시간이 불편했다. 내면의 어떤 모습으로 나를 설명하는 게 맞다는 생각이 들어서인지, 아니면 아직도 내가 하는 배관 설비 일이 자랑스럽지 않고 당당하지 않아서였는지 잘 모르겠다. 그렇게 내면의 모습으로 나를 설명해야 한다는 것이 어느덧 나의 신념이 되어 버렸다. 맞고 틀리고의 문제가 아니라 '신념'이기 때문에 무조건 지켜 내야 했다.

하지만 만나는 모든 사람이 직함과 직책, 하는 일과 회사 이름으로 자기소개를 시작했다. 불편했다. 그러나 다른 방법이 없었다. 나도 하는 일로 나를 소개할 수밖에 없었다. 광고 노출을 위해 사업자 등록을 할 때 상호를 〈우리 하수구 변기 막힘 뚫음 수중펌프〉로 길게 적어 넣었다. 너무 길기도 했지만 멋도 없고, 업무 내용을 적나라하게 표시한 상호를 입으로 말하는 것이 부끄러워서 회사 이름을 잘 말하지 않았다. 말을 하더라도 꼭 광고 때문에 그런 거라고 설명을 덧붙였다.

"내 마음속 깊은 곳에서는 일의 귀천과 경중이
철저하게 나뉘어져 있었던 것 같다.
지금 내가 하고 있는 일이 나를 설명하기에
한없이 부족하다고만 느꼈다."

문득 천국에서 다른 사람에게 나를 소개할 때는 어떻게 할까 상상해 보았다.

'그때도 일이 있을까?'

'그곳에서도 일이 아니면 나를 소개할 수 없는 것일까?'

'나의 정체성을 일로만 설명할 수 있는 것일까?'

'하나님의 자녀라는 공통된 정체성 외에 나를 설명하는 또 다른 말이 필요하게 될까?'

'에덴동산의 아담에게도 일이 주어졌듯이 천국에서도 어떤 형태로든 우리에게 일이 주어지지 않을까?'

우리와 교제하고 싶어 하시는 하나님은 각 사람을 특징지을 수 있는 어떤 개성을 허용하실 것이다. 꼭 일이 아니어도 사람과의 관계, 주어진 일에 대한 태도와 감정, 느낌, 정서 등으로 고유한 나를 설명할 수 있지 않을까 상상해 본다. 내면의 어떤 것으로 말이다.

물론 이것은 천국에 한정된 것이고, 현실에서는 하는 일과 나를 동일시하고 연관 지어야 한다는 게 불편했다. 다른 사람에게 이야기할 때에는 의식 있는 사람인 것처럼 직업에는 귀천이 없다고 말했지만 내 마음속 깊은 곳에서는 일의 귀천과 경중이 철저하게 나뉘어져 있었던 것 같다. 나의 내면과 본질은 아주 훌륭하지만, 하는 일이 그에 못 미친다는 생각이 들었는지 일과 나를 자꾸만 분리시키려고 노력했던 것 같다.

　2016년 3월에 사업을 시작했다. 일을 시작한 지 두 달도 되지 않아 대학원에 지원했다. 사업과는 전혀 상관없는 헌법을 전공하겠다고 지원한 것이었다. 이루고자 하는 꿈을 위해 미리 공부를 해 두어야겠다는 생각에서였다. 합격을 했고, 등록금만 납부하면 가을 학기부터 곧바로 학교에 다닐 수 있었다. 그런데 마음이 또 뒤집어지기 시작했다. 이상하게 대학원에 가는 게 옳은 결정이 아니라는 생각이 들었다. 그래서 청년부 지도 목사님께 상의를 드렸다.

　"병철아, 지금은 공부할 때가 아닌 것 같다. 내가 너 평생 그 일 하라고, 엔지니어로 살라고 그 일 소개해 준 거 아니야. 그곳에서 돈을 벌어서 자리를 잡고, 현장에 나가지 않아도 수입이 생기는 구조가 만들어지면 그때 공부하고, 그때 네 꿈을 펼쳤으면 좋겠다. 하지만 지금은 사업에 집중할 때인 것 같아. 사업 관련 네트워크를 확장하고, 기술도 익혀야 할 때가 아닐까?"

　목사님의 말씀을 듣고 주저하던 마음을 확정할 수 있었다. 대학원 등록을 하지 않았고, 결국 입학이 취소되었다. 그런 다음 내가 지금 왜 대학원에 지원을 한 것인지 곰곰이 생각해 보았다.

　꿈을 위해 공부한다는 이유 말고 또 다른 이유는 없었을까?

남들에게 보여 주고 싶었던 것 같았다. 이런 일을 하지만 나는 그들과 다르다고, 설비하면서 공부도 하는 멋진 사람이라고 말해 주고 싶었다. 아직 나 죽지 않았다고 세상에 고래고래 소리를 지르고 싶었던 것 같다.

사업을 시작한 뒤 많은 사람들로부터 칭찬과 격려를 받았다. 주체할 수 없을 정도의 칭찬은 나를 고무시켰다. 그래도 마음 한구석에는 내 일에 대한 당당함이 없었던 것 같다. 대학원에 진학하여 나를 더 멋진 사람으로 포장하고 싶었기 때문이다. 무서운 것은 나의 진짜 의도가 가짜 의도에 가려져, 나 자신까지 속일 수 있다는 것이다. 나에게 너무 엄격한 기준을 들이대는 것 아니냐고 생각할 수 있지만 그것이 진짜 나의 모습이었다. 지금 내가 하고 있는 일이 나를 설명하기에 한없이 부족하다고만 느꼈다.

'나는 왜 나의 일에 자신감을 갖지 못한 걸까?'

'왜 나의 일을 사랑하지 못한 걸까?'

분명 처음 일을 시작할 때는 억눌렸던 것에서 해방되는 느낌에 마냥 감사가 흘러나왔다. 그런데 시간이 갈수록 나의 일에 대한 다른 사람들의 시선이 자꾸 신경 쓰였다. 무엇이 나를 만족시키지 못했던 걸까 곰곰이 생각해 보면 소개팅으로 자매들을 만나면서부터였던 것 같다. 처음 만나는 자리에서 하는 일에 대해 이야기를 하면 표정 관리를 못하고 얼굴이 어두워지는 사람이 있었고, 분위기 좋게 흘러가다가도 서로 가는 길이 다른 것 같다며 이후의 만남을 거절하는 사람도 있었다.

지금 생각해 보면 나의 자격지심 때문에 자매들의 표정과 말에 너무 예민하게 반응했던 것 같다. 거절의 이유가 모두 내가 하는 일 때문에 그런 것이라고 생각했다. 꼭 내가 하는 일 때문이 아니라 일에 대해 자신감이 없었던 나의 모습이 언어와 행동으로 표현되는 것을 보고 그렇게 느꼈을 수도 있는데 말이다.

하지만 나는 핑계를 찾고 싶었다. 나는 괜찮은 사람인데, 내가 하는 일 때문에 자매들이 나를 좋아하지 않는다고 이유를 둘러대고 싶었던 것 같다. 그렇게 나는 일과 나를 철저히 분리하려 했고, 그런 나를 내가 하는 일로 설명할 수 있다는 것은 말도 안 되는 것이었다.

그런 마음으로 2년 정도의 시간을 보낸 것 같다. 그러나 뒤에서 자세히 이야기하겠지만, 교통사고와 일터 사역 훈련을 통해 일에 대한 나의 마음이 새로워지기 시작했다.

교통사고가 크게 나서 몇 달을 침대에 누워 있었다. 그러면서 자연스럽게 먹고사는 문제를 걱정하게 되었다. 수입은 없는데 매달 치료비로 백여만 원의 돈이 들어갔다.

'다리가 이전처럼 회복될 수 있을까?'

'요즘이 어떤 시대인데 회복이 안 되겠어?'

'하지만 정말 후유증 없이 완치될 수 있을까?'

'후유증이 생겨서 지금 하고 있는 일을 못하게 된다면 무슨 일을 하면서 먹고살아야 할까?'

일반 기업에 들어가기엔 나이도 많고, 스펙도 없었다. 공부를 다시 시작하자니 엄두가 나지 않았다. 너무나도 절망적인 시간이었다.

어느 정도 시간이 지나자 나는 침대에서 일어날 수 있었고, 양쪽으로 목발을 짚고 다녔다. 처음 사용해 보는 목발이어서 그런지 겨드랑이와 어깨가 너무 아팠다. 어깨를 돌리지 못할 정도로 아팠다. 무릎이 아픈 것과 비슷하게 어깨와 겨드랑이가 아팠다. 매일 저녁 찜질과 파스로 버텼던 것 같다. '하나님, 제발 목발 하나만 빼면 좋겠습니다.' 하는 간절함으로 두 달 정도를 지냈더니 담당 의사가 목발을 하나 빼도 되겠다고 말했다. 정말 날아갈 듯이 기뻤다. 겨드랑이와 어깨 통증도 점점 사라지기 시작했다.

'하나님, 이제 목발 없이 걸을 수 있으면 좋겠습니다.'라고 기도하며 한두 달이 지나자 남은 목발마저 빼게 되었다. 보조기를 차고 아주 조심스럽게 걸어야 했지만 천천히 나아지는 무릎에 희망이 생기기 시작했다. 사고가 난 후 8개월 동안 일을 못했다. 조금은 더 버틸 여력이 있었지만 슬슬 걱정이 되기 시작했다.

사고가 난 지 8개월째 되었을 때 아주 간단한 일부터 해 보기로 했다. 쪼그려 앉는 동작과 무거운 장비를 드는 것만 안 하면 해 볼 수 있을 것 같았다. 테이프와 보호대를 칭칭 싸매고 일터로 나갔다. 그날을 아직도 생생히 기억한다. 마치 일을 배우고 처음 현장에 나갔을 때의 느낌이었다.

아파트 단지에서 세면대 폽업 교체 일이 들어왔다. 쪼그려 앉아야 했지만, 그렇게 할 수가 없어서 그냥 주저앉아서 작업을 했다. 보통은 새것으로 교체하기만 하면 되는데 길이가 맞지 않아서 그라인더로 잘라 내야 했다. 얼마나 오랜만에 잡아 보는 그라인더인가. 예전에 그라인더에 살이 깊게 파여 여러 바늘 꿰맨 적이 있어서 살짝 긴장이 되었다. 시간이 조금 지체되기는 했지만 안전하게 작업을 마쳤고, 그 후로 자신감이 생겨서 일을 조금씩 다니기 시작했다.

일을 못할 것만 같았고, 그래서 제발 일만 할 수 있게 해 달라고 기도했다. 일만 할 수 있으면 소원이 없을 것 같았다. 그런데 부분적으로 일을 시작하게 되었다. 그렇게 또 1년이 지나 아직 재활 운동을 병행하고 있지만 이제는 가리는 일 없이 뭐든

할 수 있는 몸 상태가 되었다.

다쳐서 절망적인 상황에 처해 보니 내가 하는 일이 얼마나 소중한 것인지 깨닫게 되었다. 나 정도 경력에, 나 정도 기술에, 이만한 매출을 올리고 시간도 자유롭게 낼 수 있는 직장은 없을 것 같았다. 그리고 일을 성공했을 때 얻을 수 있는 성취감은 덤으로 주어지는 기쁨이었다.

이처럼 소중하고 고마운 일을 나는 밀어 내려 했고, 나와 분리하려 했다. 인간은 참으로 자기가 보고 싶은 것만 보려고 한다는 것을 다시 한 번 깨달을 수 있었다.

그러던 중에 비즈니스 선교 모임을 하게 되면서 알게 된 어느 대표님의 소개로 '일터 사역 훈련'이라는 것을 시작하게 되었다. 비즈니스 선교 모임과 비슷한 훈련이겠거니 생각하고 별 관심 없이 시작하였지만 성격과 영역이 조금 달랐고, 일에 대한 시각과 자세를 새롭게 하는 시간이 되었다.

삶과 예배는 분리할 수 없고, 우리가 있는 현장, 곧 일터가 예배였다. 그리고 일 자체가 예배라는 것을 깨닫게 되었다. 일을 통해 얻은 성과물로 하나님께 영광을 돌릴 수 있다고 생각했지만 일에 대한 자세, 마음가짐, 태도 자체가 하나님께 영광이 될 수 있다는 것을 알고 새롭게 눈이 떠지는 것만 같았다.

하나님은 내게 맡기신 나의 일로 만물을 새롭게 하시고, 세상을 회복하기 원하신다. 하나님의 나라, 하나님의 통치가 나의 일을 통해 이뤄진다. 하나님은 나와 우리에게 매일 하나님 나라 사역에 동참하라고 부르짖고 계신다.

나의 일이 내가 되고, 내가 지금 하고 있는 일이 나다. 일이 나를 보여 주고, 나의 예배가 된다.

이제야 왜 그렇게 사람들이 처음 만날 때 자신의 일로 자기를 소개하는지 알 것 같았다. 일은 나와 분리할 수 없는 나의 정체성이고 나 자체이기 때문이다.

이제는 일로 나를 소개하고 나를 보여 줄 것이다. 앞으로 여자 친구와 배우자가 될 자매들을 만나게 될 때에도 자신 있게 말할 수 있다. "저는 상하수도 배관 설비 사업을 하고 있습니다."라고 말이다.

일은 세상의 기본 구조를 더 발전시키거나
유지하거나 고치는 기능을 한다.
인간의 노동은 그런 식으로 하나님의 사역과 연결된다.

— 팀 켈러

하수구
뚫는
법대생

    강북에 있는 어느 공연장에서 공사 의뢰가 들어왔다. 어떤 재단에서 운영하는 공연장인 듯했다. 소변기에서 악취가 너무 심하게 나서 배관 공사를 하고 소변기 센서를 교체하기 원하셨다.

    소변기에서 나는 악취는 정말 견딜 수 없을 정도로 심하다. 비염으로 냄새를 잘 맡지 못하는 나도 그 악취를 느낄 정도다. 그런 경우는 보통 소변기 아래에 p트랩[1]이라는 장치가 없어서이다. p트랩에는 물이 고여 있어서 배관을 따라 올라오는 악취를 막아 주는 역할을 한다. 그런데 그 공연장에는 소변기 배관마다 p트랩이 설치되어 있지 않았다. 여러 층으로 되어 있는 꽤

---

[1] 배수관의 악취가 역류되는 것을 막아 주는 장치. 관의 일부를 U자나 P자 모양으로 구부려 물이 고여 있게 하여 배관을 따라 올라오는 악취를 막아 준다.

큰 건물이었는데, 모든 배관에 p트랩이 없었다. 공연장 측은 일단 냄새가 가장 심한 층의 화장실 공사를 해 보고 효과가 있으면 전체 공사를 맡기겠다고 했다.

당시는 뉴질랜드 영주권을 따기 위해 한국과 뉴질랜드를 오가는 형님과 함께 일을 다닐 때였다. 자재를 준비해서 공연장으로 향했다. 공사를 의뢰하고 지켜보는 관리실 소장님이 여간 깐깐한 게 아니었다. 건설 현장에서 20년 이상 근무하셔서인지 나보다도 현장을 더 잘 알고, 일에 대한 감각도 있어 보였다. 다행히 함께 일하는 형님이 그 방면의 베테랑이어서 소장님의 말을 다 응대해 드렸고, 소장님도 매우 만족하셨다.

공사가 끝나면 실리콘 냄새 때문에 암모니아 냄새가 나는지 안 나는지 구분이 잘 안될 수 있다. 그래서 관리소장님은 3일 정도 지난 후에 확인을 하고 다시 연락을 주신다고 했다. 3일이 지나고 냄새가 하나도 나지 않는 것이 신기하셨는지 건물 전체 공사를 의뢰하셨다. 견적서를 보내 드리고 공사 일정을 잡기 시작했다.

공사를 시작하기로 한 날, 같이 일하던 형님이 가족이 있는 뉴질랜드로 급하게 들어가셨다. 일정이 잡혀 있었기 때문에 공사 계약을 파기할 수도 없었다. 그래서 함께 팀으로 일하던 형님의 친구분과 작업을 하기로 했다. 그분도 형님과 비슷한 시기에 일을 시작하여 상당한 기술을 가지고 있으셔서서 신뢰가 갔다.

"병철아, 그때 형이 하는 거 봤지? 간단해. 배관을 자르고 붙이기만 하면 돼."

"어렵지 않으니까 형 친구랑 잘해 봐."

형님이 말을 아주 쉽게 하셔서인지 오히려 막막하게 느껴졌다. 그래도 함께 하시는 친구분이 믿을 만했기에 크게 걱정은 안 했다.

각 층의 모든 소변기 배관 공사를 해야 하는 엄청나게 큰 공사였다. 하루에 끝내기는 힘들고, 이틀 정도 걸릴 것 같았다. 아침에 일찍 출동해서 저녁 늦게까지 작업을 했다. 보통은 모든 층에 위아래로 같은 위치에 화장실이 있다. 그래서 소변기 배관 공사는 아래층 화장실 천장에서 하면 된다. 처음에 형님과 공사를 할 때 분명히 그랬기 때문에 당연히 모든 화장실이 그렇게 되어 있을 줄 알았다. 그런데 처음 공사한 곳을 제외한 모든 화장실이 각 층마다 다른 곳에 위치해 있었다. 어떤 층의 화장실은 사무실이나 공연장 천장에 위치한 곳도 있었다. 특히 공연장 위에 위치한 배관은 너무 높아서 공사를 못하겠다고 말씀드렸다. 하지만 관리소장님이 조명을 바꿀 때 사용하는 사다리차가 있다고 하시면서 그것을 사용해 공사를 해 달라고 말씀하셨다. 다리가 후들거리는 3층 높이까지 올라가서 배관 공사를 하고, 좁디좁은 기계실에 기어 들어가 배관 공사를 하기도 했다. 그렇게 이틀이 꼬박 지나고 공사를 완료할 수 있었다.

처음에 공사 견적을 넣을 때는 소변기 부속까지 교체하는 것으로 계산했지만 그것이 단종되는 바람에 배관 공사만 하게 되었다. 그만큼의 공사비가 절약되었는데 이미 재단 쪽에 견적서가 들어가서 결재가 완료되었기 때문에 다시 바꾸려면 번거로우니 소장님께서 일정 금액을 돌려 달라고 했다. 원래대로라면 소변기 부속을 제외한 견적서를 다시 작성하고 다시 재단의 결재를 받아야 한다. 그런데 복잡하게 하지 말고 처음 작성된 견적서대로 결재가 났으니 그 돈을 받고, 더 많이 받은 금액을 소장님께 돌려 달라는 것이었다. 관리실에 온수기를 설치해야 하는데 마침 그 돈으로 설치하면 될 것 같다고 하셔서 별생각 없이 그렇게 하겠다고 말씀드렸다.

공사 대금 결제가 완료되고 소장님께 차액을 돌려 드리기 위해 다시 공연장을 찾았다. 관리실 앞 엘리베이터 앞에서 소장님을 만나 반갑게 인사를 드리고 봉투를 빼서 드리려는데 소장님이 이렇게 말씀하셨다.

"아, 이 사람아, 이런 거 한두 번 해 보나? 여기 CCTV가 이렇게 많은데 여기서 이러면 어떻게 해! 화장실로 갑시다."

그 순간 이것이 떳떳하지 못한 일이라는 걸 알게 되었다. 그 일에 동참하는 나도 엄청난 죄를 짓는 것만 같았다. 나는 결국 공사한 대금만 받게 되는 것이지만, 재단 측에서는 과잉 지출을 하게 되는 것이었다. 이것이 떳떳한 것이었다면 화장실로 가서 돈을 달라고 했을까? 사실 그 돈이 관리실 온수기 설치비용으로 들어갔는지도 잘 모르겠다. 어쩌면 관리소장님 개인에게로 들어갔을지도 모른다는 생각이 든다.

일을 시작한 지 몇 년이 되지 않았을 때 겪은 사건이었다. 그런 세상이 있는지도 몰랐고, 그런 일이 당연하고 자연스럽게 다른 현장에서도 수없이 일어날 수 있겠다는 생각을 하니 뭔가 씁쓸한 기분이 느껴졌다.

어떤 사람은 그러한 불법에 동참하지 않을 수 없었냐고 질문할 것이다. 하지만 그 모든 것을 관리하는 관리소장님을 거슬러 뭔가를 진행해 나가는 것은 불가능해 보였다. 사실 이런 생각을 할 겨를도 없었던 것 같다. 정신을 차려 보니 나도 모르게 관리소장님이 하자는 대로 하고 있었다.

건설 현장에서는 이런 일들과 이보다 더 심한 일들이 관행처럼 이루어진다고 한다. 아파트 가격 폭등으로 국가적인 문제를 앓고 있는 대한민국에서 건설 현장의 눈먼 돈만 없애도 아파트 가격 안정에 도움이 되지 않을까, 하는 생각이 들었다.

내 실력과 위치로는 그런 일에 목소리를 낼 수 없었다. 다만 다음에는 그런 상황에 처하지 않게 해 달라고 기도할 수밖에 없었다. 사업을 시작하고 처음으로 겪게 된, 참으로 불편한 '세상'이었다.

세상을 바라보고 인식하는 방법은 참으로 다양한 것 같다. 수십억 명의 사람이 존재하듯 수십억 개의 세상이 존재하고 있는 건 아닌가 생각이 든다.

청담동에서 있었던 일이다. 청담동 최고 규모의 이자카야 술집. 그곳은 수년째 사고만 터지면 자정에라도 출동해서 문제를 해결해 주던 곳이었다. 점장님과 직원들은 물론 발레파킹 사장님들과도 친하게 지냈다. 이번에는 오수 배관이 막혀서 물이 넘친다고 연락이 왔다.

현장에 도착하니 발레파킹 사장님이 나를 보고 이렇게 말씀하셨다.

"오늘도 저 퇴근한 뒤에 가시겠네요."

올 때마다 사고가 크게 나서 3-4시간씩 공사를 했기 때문에 그렇게 말씀하신 것 같다.

남자 화장실 좌변기의 물이 안 내려갔다. 내시경 카메라를 사용해 이물질이 막힌 게 아니라 배관이 얼어서 막힌 거라는 걸 알게 되었다. 원인에 따라 공사 방법이 완전히 달라지기 때문에 원인 파악이 정말 중요하다. 고온 스팀기로 녹여 보려고 했지만 잘 되지 않았다. 내시경 카메라를 계속 사용하며 결국 얼음을 녹이자, 물이 쑥 내려갔다. 내시경 카메라로 원인을 파악하고 문제를 해결한 성취감에 한껏 고취되었다. 오늘 작업은 조금 멋졌던 것 같았다.

남아 있는 얼음을 다 녹이기 위해 끙끙대고 있는데 50대 중반쯤 되는 사람이 소변을 보러 들어와서 한마디 건넸다. 얼큰하게 술 한 잔 하신 듯했다.

"누구는 술 마시고 누구는 일하고, 세상 참 불공평해."

같은 시간, 같은 공간에서 누구는 술을 마시고 누구는 일을 한다는 말이 무슨 소리인가 했다. 뭔가 나에 대한 애잔한 마음이 들어서 꺼낸 말임을 깨닫고, 갑자기 그런 생각을 할 수 있는 그분이 안쓰러워졌다.

'어떻게 지금 상황을 보고 세상이 불공평하다는 생각을 할 수 있는 것일까?'

인생을 살면서 너무나도 많은 불공평한 상황을 겪었을 그 고단한 인생에 심심한 위로를 전한다. 제발 술 때문에 그러셨길 바란다.

내가 주 예수 안에서 알고 확신하노니 무엇이든지 스스로 속된

욕심 많고 선하지 못한 나의 마음에
적절하게 양심이 작동되는 것이 감사할 뿐이다.

것이 없으되 다만 속되게 여기는 그 사람에게는 속되니라(로마서 14:14).

최근에 있었던 일이다.

블로그 광고를 보고 교대 쪽에서 일이 들어왔다. 비용을 말씀드리고 이동하는 중에 교대 근처에서 설비 회사를 운영하시는, 오래전부터 알고 지내던 사장님께 전화가 왔다. 전화 내용은 고객에게 비용을 많이 받아서, 자기에게 소개비를 달라는 것이었다.

이것이 처음 있는 일은 아니었다. 3년 전 우연히 교대 근처에서 작업을 하다가 알게 되었고, 내 명함을 받아 가신 사장님은 내가 일반적으로 받는 비용에 5-10만 원을 더 붙여서 얘기해 놨으니 작업이 끝나면 그 돈을 자기에게 달라고 했다. 현장에 가서 그 사실을 알게 된 나는 얼떨결에 그렇게 해 드렸다. 비용을 받고 돈을 드리려는데 고객이 안 보이는 곳으로 조용히 불러 내셨다.

"아, 이 양반아, 이런 거 한두 번 해 봐? 고객 눈앞에서 돈을 주면 어떻게 해!"

뭔가 굉장히 나쁜 짓을 하는 것 같았다. 그 후에도 두 번 정도 그런 일이 있었고, 그럴 때마다 마음이 편치 않았다. 다음에는 그런 식으로 일을 하지 않겠다고 마음먹었는데 오늘 또 전화가 걸려 온 것이다.

"사장님, 알죠? 20만 원 부르고 5만 원이나 10만 원 보내 주면 돼요."

이제는 말을 해야겠다는 용기가 올라왔다. 거절의 말을 해야 하는 나에게는 용기가 필요했다.

"사장님, 이렇게 일하는 게 마음 편치 않네요. 죄송하지만 앞으로는 이런 일로는 연락을 안 주셔도 될 것 같아요. 죄송합니다."

그러자 사장님은 "응, 알았어요. 그렇게 할게요." 하고 정중히 전화를 끊으셨다.

무언가 나를 옭아매던 끈이 떨어져 나가는 느낌이었다. 사실 생각해 보면 그 사장님이 나쁜 것도 아니다. 그분의 영업 실력이 뛰어난 것이고, 난 그분께 소개비를 드리는 것이라고 생각할 수 있다. 하지만 그렇게 하지 않아야겠다는 마음이 나를 사로잡으니 어쩔 수가 없었다. 융통성 없고 지혜 없는 행동일지라도 어쩔 수 없다. 양심이라는 것이 오늘 그렇게 작동을 하니 말이다. 교대 쪽으로 일을 가는 중이었기 때문에 끝나고 가면 동선도 완벽했지만 하나님께서 더 많은 것으로 채워 주실 거라는 기대가 있었나 보다.

전화가 온 곳에 도착했는데 막힌 게 해결이 되어 있었다. 물이 넘치고 난리가 났는데 일하는 아주머니가 물을 계속 부은 덕분에 이물질이 떨어져 나가 버린 것 같았다. 출장비만 받고 가야 하는 분위기였다. 고객들은 잘 모르니까 대충 장비를 집어 놓고 비용을 받아 갈 수도 있었다. 하지만 그렇게 할 수 없었다. 또 양심이란 것이 작동했기 때문이다. 내가 선량해서가 아니다. 자꾸만 뭔가 아쉬운(?) 생각이 드는 것을 보면 그렇게 해 보고 싶은 유혹도 있는 것 같다.

기대와 달리 더 채워지기는커녕 출장비만 받고 현장을 마무리했다. 일하는 아주머니와 사모님이 고맙다고, 친절하다고 거듭 인사를 하셨다. 커피 한 잔 하고 가라고 하셨지만 인사를 드린 뒤 서둘러 그곳을 빠져나왔다.

매출 면에서는 손해(?)가 있었지만 뭔가 가득 채워지는 느낌이 드는 하루였다. 욕심 많고 선하지 못한 나의 마음에 적절하게 양심이 작동되는 것이 감사할 뿐이다.

그 후로도 교대 설비 사장님께 몇 번의 전화가 왔다. 내가 그런 걸 싫어하니까 더 이상 그런 부탁은 하지 않을 테니, 본인 거래처 사장님의 일만 잘 처리해 주고 비용도 알아서 잘 받으라는 전화였다. 그분께 전화가 걸려 올 때마다 뭔가 마음이 석연찮고 두려운 마음까지 있었지만, 이제는 그분의 전화를 반갑게 받을 수 있게 되었다.

하수구
뚫는
법대생

7
모든 것이 끝인 줄만 알았던
교통사고

그렇게 일을 계속해 나가던 중에 내 마음에 공허함이 찾아왔다. 교회 여러 부서에서 섬기고 나름대로 큐티 생활도 열심히 했지만 그 공허함을 쫓아낼 수 없었다.

사업을 시작하고 자리를 잡게 되자 연애를 하고 싶었고, 결혼도 하고 싶었다. 그러나 누구를 만나는 것 자체가 어려웠다. 수많은 사람을 소개받았지만 거절당하기 일쑤였다. 그때마다 내 마음은 거절감으로 상처가 쌓여 갔고, 다른 면으로 인정을 받고 싶었다. 동생들에게 돈을 쓰고, 맛있는 것을 사 주면서 존재감을 확인하려고 했던 것 같다.

또 청년부에서 함께 신앙생활을 했던 친구들과 후배들은 다 결혼을 해서 떠나가는데 나만 덩그러니 청년부에 남겨졌다. 나이 차이가 많이 나는 후배들과의 GBS 시간은 진실한 마음을 나누는 시간이 아닌, 형식적인 시간으로 대체되고 있었다. 기도와 말씀으로도 채워지지 않았다. 욕망으로 가득 찬 내 마음에 기도와 말씀이 들어갈 틈이 없었던 것 같다. 나에게 기도와 말씀은 머리로만 이해하고 지적 감동을 주는 것, 그 이상 그 이하도 아닌 게 되어 버렸다.

2019년 8월 10일, 정확히 말하면 8월 11일 새벽에 있었던 일이다.

8월 10일은 토요일이었다. 아주 무더운 여름이었고, 그날따라 이상하게 일이 잘되었다. 대표형님과 아주 큰 공사를 마치고 몹시 흥분되어 있었다. 기분이 아주 좋았다. 교회 리더 모임을 마치고 예전부터 알고 지내던 농구부 후배들을 만나러 갔다.

돈도 많이 벌었고 기분도 좋아서 동생들에게 맛있는 걸 사 주고 싶었다. 내가 이 정도는 사 줄 수 있는 사람이라고 보여 주고 싶었던 것 같다. 그때도 여전히 물질을 사용하는 것으로 나의 존재감을 확인하려 했던 것 같다.

농구부 후배들과는 운동이 끝나면 꼭 맥주를 한 잔씩 했다. 서른 살에 신앙생활을 제대로 하면서 여러 가지 이유로 3-4년간 술을 끊었던 적이 있지만, 다시 음주가 시작되었고, 함께 어울렸던 기억이 있던 사람들을 만날 때면 어김없이 술을 마시곤 했다.

그날도 오랜만에 만난 터라 술을 마셨다. 그렇게 자정이 지날 때까지 술을 마셨고, 얼큰하게 취한 우리는 집으로 향했다.

그런데 집으로 돌아오는 골목에서 갑자기 나타난 택시를 피하지 못하고 왼쪽 무릎 바깥쪽을 부딪혔다. 그 즉시 나는 정신을 잃었고, 정신을 차려 보니 근처 대학병원 응급실에서 무릎에 붕대를 칭칭 감고 휠체어를 타고 있었다. 엑스레이(X-ray) 사진으로는 뼈에 이상이 없다고 해서 집으로 돌아왔는데 다리가 너무 심하게 부어 올랐다. 누운 상태에서 앉는 것도 힘들 정도로 다리가 아팠다.

다음 날 바로 병원에 입원을 해서 정밀 검사를 받았다. MRI 촬영 결과 내측 인대 완전 파열과 후방 십자인대 일부 손상 진단을 받았다. 후방 십자인대 손상은 경미하기 때문에 수술이 필요하지 않고, 내측 인대는 완전 파열이지만 잘 회복되는 부위이니 깁스를 하고 4주 정도 경과를 지켜본 뒤 수술 여부를 결정하자고 했다. 잘 알지는 못하지만 수술을 하면 병원 측에 이익이 돌아가기 때문에 웬만하면 수술을 하자고 할 텐데 일단 지켜보자고 하니 고맙고 신뢰가 갔다.

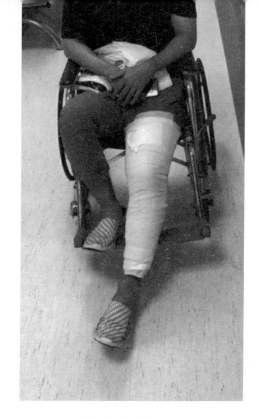

"하나님이 개입하신 것이라면
단순한 사고 이상의 어떤 의미가 있을 것 같았다."

그렇게 나의 입원 생활이 시작되었다. 보호자도 없고 혼자 병원 생활을 해야 했다. 화장실에 가는 것도 불편하고, 샤워하는 것도 힘이 들었다. 웬만하면 화장실에 가지 않으려고 참았고, 샤워도 잘 하지 않았던 것 같다. 처음 사용해 보는 목발 때문에 어깨까지 아파 왔고, 무릎만큼이나 어깨의 고통도 매우 심하게 찾아왔다. 약을 먹어 가면서 요양을 하는데 통증은 오래도록 진행되었고, 언제쯤 회복이 되어 나갈 수 있을지 걱정이 되기 시작했다. 그렇게 우울감이 찾아오기 시작했다.

내가 병원에 입원했다는 소식을 듣고 동생들과 목사님들이 찾아왔다. 찾아와 주는 발길들이 입원 생활의 활력이 되었고, 위로가 되었다.

어느 날 단기 선교를 함께 갔던 동생 둘이 찾아왔다. 그중 한 명은 예전에 하나님을 원망하고 욕을 하며 자전거를 타다가 넘어져서 귀가 찢어진 적이 있다고 했다. 그 말을 듣던 다른 동생이 소름이 끼친다면서 이렇게 말했다.

"언니는 하나님 말 좀 들으라고, 오빠는 하나님께 무릎 좀 꿇으라고 그렇게 하신 것 아닐까요?"

그 말에 기분이 나쁘지는 않았다. 하나님이 직접 그렇게 하시지는 않았더라도 최소한 그 상황은 허락하신 것이기에 정말 어떤 메시지가 있을 수 있겠다는 생각이 들었다. 하나님이 개입하신 것이라면 단순한 사고 이상의 어떤 의미가 있을 것 같았다. 아니, 절망 속의 나에게 반드시 어떤 의미가 있어야 할 것만 같았다.

청년부 담당 목사님께서 소식을 듣고 심방을 오셨다. 목사님을 보자 부끄러움이 찾아왔다. 청년부 선배이고 오랫동안 리더를 했던 사람이 술 마시고 사고가 났다는 말씀을 드리는 것이 창피했다. 그렇게 날마다 큐티 묵상을 올리고 청년부에서 어른인 척했던 나의 부끄러운 모습에 낯이 뜨거웠고 어떻게 말씀을 드려야 할지 고민이 되었다. 하지만 목사님께 솔직히 말씀드리고 싶었다. 혼이 날 것을 각오하고 솔직히 말씀을 드렸다.

"그렇게 큐티 묵상 올리고, 경건한 척은 다 하면서 이렇게 부끄러운 일을 당해 버렸네요. 교회에서 척이라도 안 했으면 이렇게 부끄럽지는 않았을 텐데요."

"병철 형제님, 그동안 큐티하고 기도했기 때문에 그나마 이 정도로 끝날 것 아닐까요? 솔직히 형제님의 재정과 시간으로 더 많이 타락하고 방탕해질 수 있었지만 그동안의 말씀과 기도가 쌓여 이렇게 마무리될 수 있었던 거죠. 그동안이 단순히 경건한 척이었고, 무익한 시간이었다고 생각하지 않습니다."

그때의 나에게 위로가 필요했기 때문이었을까?

목사님의 모든 말씀이 위로가 되고 나를 돌아볼 수 있는 계기가 되었다. 또 이전에 청년부를 담당하셨던 목사님 두 분도 병원을 방문해 주셨는데 차마 병상에 있는 나에게 말씀은 못하셨지만 돌아가는 길에 그런 얘기를 나누셨다고 한다. 이렇게 사고가 나서 죽는 경우를 많이 보셨다고, 하나님이 나를 살려 주신 거라고⋯.

사람들의 위로와 이야기들은 하나님께서 나를 지키시고, 여러 모양으로 내 삶에 개입하고 계신다는 것을 다시 한 번 느낄 수 있게 해 주었다.

사실 사고가 날 때쯤에 오랫동안 미워하던 사람이 있었다. 지금 생각하면 이해가 되고, 내가 너무 과했다는 생각이 들지만 그 당시에는 나의 존재 자체를 흔들고, 무시당한다고 느끼게 하는 사람이었다. 그러던 중에 꿈을 꾸었다. 교통사고로 죽어서 천국에서 하나님을 대면하였다. 하나님을 대면하자 내 안에 그를 미워하던 마음이 아주 크게 드러났고, 걸어서 하나님께 가까이 갈수록 말풍선처럼 시각화된 미워하는 마음이 점점 커져서 터질 것처럼 부풀어 올랐다. 그것이 드러나자 하나님 앞에 너무 부끄러워서 고개를 들 수가 없었다. 그러다 잠에서 깨었는데, 그 후로는 더 이상 그 사람을 미워할 수 없었다. 몇 년 동안 나를 괴롭히던 마음이 한순간에 정리되는 시간이었다.

깁스를 한 지 4주가 지났고, 담당 의사는 수술을 하지 않아도 되겠다고 말했다. 수술을 하지 않으면 더 이상 입원이 안 된다고 해서 퇴원하여 누나 집으로 들어갔다. 아직은 계단을 오르내릴 수 없고, 식사도 해결해야 해서 다시 한 번 누나 가족에게 신세를 지게 되었다.

그런 다음 재활 전문 병원을 찾았다. 모든 정황을 들은 의사는 내 상태를 다시 확인하기 위해 MRI를 찍자고 했다. 한 달 전쯤 찍은 MRI 사진으로는 무조건 수술을 해야 한다고 했는데 수술을 안 했으니 지금 상황을 확인해 보고 싶다고 했다. 다행히 수술은 안 해도 되지만 당장 재활운동을 진행하지는 못하고, 주사와 약물, 컨디셔닝 치료를 진행하자고 했다. 이제 운동만 하면 될 줄 알았는데 또 한참 치료를 받아야 한다니 우울감이 찾아왔다.

매주 인대 강화 주사를 맞으면서 컨디셔닝 치료를 병행했다. 목발을 하나 둘 빼기 시작했고, 목발을 빼자 어깨 통증도 사라지고, 상태가 점점 호전되기 시작했다. 정확히 사고가 난 지 1년 만에 재활운동을 시작했다. 평소 운동을 좋아했지만 재활운동은 차원이 달랐다. 너무 고통스럽고 힘이 들었다. 운동할 때 아픈 건 묵직한 고통이었는데 재활하면서 느끼는 고통은 뭔가 날카롭게 찢어지는 고통이었다. 그래도 조금씩 회복되어 가는 것에 위안을 삼고 하루하루를 버텨 나갔던 것 같다.

사고 후 1년이 지나자 슬슬 경제적으로 걱정이 되기 시작했다. 수입은 없고 지출만 늘다 보니 통장의 잔고가 점점 줄어 갔다. 아직은 버틸 수 있었지만 조금씩 마이너스가 되어 가는 통장을 보니 마음이 조급해지기 시작했다.

'돈도 돈이지만, 후유증 없이 완치될 수 있을까?'

'다시 배관 설비 일을 할 수 있을까?'

'못하게 된다면 뭘 하고 먹고살아야 하나?'

'좋아하던 농구도 다시 할 수 있을까?'

이런 생각들이 꼬리에 꼬리를 물다 보니 점점 우울해지고 자신감이 사라졌다.

사고가 났을 때 거래처에서 일이 들어오면 다른 사장님들께 넘기곤 했다. 그런데 재활운동이 계속되면서 어느 정도 활동이 가능해졌고, 아직 쪼그려 앉는 자세는 힘들었지만 무릎에 보호대를 차고 일이 들어오면 다녀와 보기로 마음을 먹었다.

그러던 중 살고 있는 아파트에서 일이 들어왔다. 간단하게 세면대 폽업[2]을 교체하는 일이었다. 오랜만에 현장에 나가 보니 긴장이 되었다. 폽업의 길이를 조정하기 위해서는 그라인더로 잘라 내야 하는데 오랜만에 그라인더를 사용하다 보니 그 또한

---

2) 세면대 바닥의 물이 빠지는 부분을 열고 닫으면서 물을 담고 버리는 마개 역할을 하는 장치

긴장이 되었다. 또 폽업을 교체하기 위해서는 세면대 아래로 쪼그려 앉아야 하는데 쪼그려 앉는 것이 힘들어서 바닥에 엉덩이를 대고 앉아서 작업을 했다.

작업을 마치고 5만 원을 받고 나올 때의 감동이 아직도 생생하게 기억이 난다. 마치 사업을 시작하고 혼자 처음으로 현장에 갔을 때와 같은 느낌이었다. 뭔가 희망이 생기는 것 같았다. 단순히 돈 5만 원이 아니라 앞으로 다시 일을 할 수 있겠다는 희망이 생겨서 좋았다. 하수배관 통수 작업은 30–40킬로그램이 넘는 무거운 장비를 들고 다녀야 하기 때문에 하수구 작업은 할 수 없었고, 이렇게 간단한 작업만이라도 일이 들어오면 다녀 보기로 했다. 무리하지 말고 더 쉬라는 분들이 많았지만 한 번씩 다니는 게 오히려 활력이 되었고, 이렇게 천천히 일을 다녀야 무릎이 더 빨리 회복을 하게 될 것이라고 하시는 분들도 계셨다.

사고가 난 지 2년이 지났다. 여전히 재활운동을 하고 있지만 이제는 무거운 장비도 들고, 일도 가리지 않을 정도로 많이 회복이 되었다. 아직 농구를 하는 것은 겁이 나지만 일을 하는 데는 무리가 없다. 가끔 오랫동안 앉아 있으면 무릎이 아프지만 일어나서 풀어 주면 금방 다시 좋아지곤 한다. 끝이 보이지 않아 보이던 회복의 길이 이제 거의 막바지로 가고 있는 것 같다. 아직은 완치 시점이 언제인지 정확히 알 수 없지만 운동을 제외한 모든 일상이 회복되어 감사하다.

교통사고는 절망스럽고 모든 희망과 즐거움으로부터 나를 단절시키는 것만 같았다. 그런데 돌이켜 보니 그 시간 또한 은혜의 시간이었다. 미워하는 마음과 증오를 없앨 수 있었고, 나의 일을 사랑하게 되었다. 사업을 확장하는 계기도 생겼다.

교통사고가 나기 전에는 사람들 앞에서 나의 일이 떳떳하지 못했고, 특히 소개팅으로 만난 여성 앞에서 나를 작아지게 하는 '나의 일'을 원망하기까지 했다. 그런데 교통사고를 겪고 나니 그런 마음이 흔적도 없이 사라져 버렸다.

제발 다시 일만 하게 해 달라고 기도했던 때가 생각난다. 다시 일에 복귀할 수만 있다면 좋겠다고, 소원이 없겠다고 기도했는데, 하나님께서 나로 하여금 일을 사랑하고 소중하게 생각하는 마음을 갖고 다시 현장에 복귀하게 해 주셨다.

지난 2년여 시간 동안 모든 것이 거꾸로만 흘러가는 것 같았는데 오히려 많은 것을 채우고 회복하는 시간이 되었다. 하나님은 나를 더 채우기 위해 그 시간을 허락하신 것이었다.

> 질서의 하나님은 건축물의 제 기능을 회복하시고,
> 나를 예배자로 높여 주시며,
> 추가 공사를 허락하셔서 더 많은 축복을 부어 주셨다.
> 나의 일이지만 하나님의 일이었고,
> 하나님의 일을 내가 한 것이었다.

하수구
뚫는
법대생

어느 해 1월 1일 새해 아침, 기온이 낮은 탓에 쉴 새 없이 수도 해빙을 다니고 있었다.

동대문구 반지하에 사는데 온수가 안 나온다고 어떤 여성분께 전화가 왔다. 보일러 배관을 여러 가지 두꺼운 옷과 이불로 꽁꽁 싸매 놨지만 물을 틀어 놓지 않아 얼어 있었다.

수도 계량기는 땅속에 있기 때문에 보온을 해 놓으면 어느 정도 효과가 있지만 노출된 배관은 열선 작업을 하지 않는 이상 무용지물이다.

그렇지만 열선도 싼 걸로 시공하면 1년도 사용하지 못하고 고장이 나는 경우가 많아서 무조건 물을 틀어 놓아야 한다. 온수가 어는 것을 방지하기 위해 미지근한 물을 틀어서 보일러로도 물이 유입되게 해야 한다.

작업을 거의 마치고 정리하려는데 방 안에서 남자 목소리가 들렸다. 그 집 아버지인가 보다 생각했다. 목발을 짚고 나오시는데 장애가 있으신 건지, 사고가 있었던 건지 정확히 알 수는 없었다. 그분이 보일러 배관을 옷으로 꽁꽁 싸매 달라고 하셨다. 보온에 거의 도움이 되지도 않는데 뭐 이런 것까지 부탁하나 싶어서 따님이 직접 하시라고 말했더니 다리가 불편한 그분이 직접 했다. 내버려 두라고, 자신이 직접 하겠다고 하면서 말이다.

'왜 딸이 안 하고 아버지가 직접 할까? 딸을 아껴서일까?'

자세히 보니 딸의 말투나 행동이 약간 장애가 있어 보였다. 나도 1년 전에 목발을 사용해 봐서 안다. 이 일을 어떻게 쪼그려 앉아서 한단 말인가. 그래서 내가 해 드리겠다고 하면서 정리를 시작했다. 그러자 그분이 옆에서 하소연을 늘어놓기 시작했다.

"딸년들은 필요가 없어. 아들이 있어야 일도 척척 하는데…"

"아이고, 어르신! 딸들이 살림 밑천이라고 하잖아요. 그렇게 말씀하시면 안 되죠. 아들들은 집에서 아빠랑 말도 잘 안 해요. 저도 일이니까 이렇게 하지 집에서는 아무것도 안 한다니까요."

왠지 딸의 편을 좀 들어 주고 싶었다.

"그쪽도 딸이 있는가 보네?"

"아니에요. 저는 아직 장가도 안 갔어요."

"어려 보이긴 하네."

"나이는 많이 먹었어요."

"마흔이라도 되는 것처럼 말을 하네."

"네, 마흔이에요."

"그렇게 안 보이는데…"

일을 하다 보면 유독 어르신들이 나를 어리게 보신다. 내가 10살 어린 후배들을 볼 때 그런 것처럼 다 비슷하게 보이시기는 할 것 같다.

약간의 능청스러움으로 어르신의 말 상대가 되어 드리고 배관 단도리를 하고 나니 딸이 계좌이체로 결제를 해 주겠다고 했다.

보통 15만 원을 받고, 작업을 시작하기 전에도 그렇게 얘기했지만, 조금 깎아 드리고 싶었다. 딸과 아빠가 어렵게 살아가는 듯해서 13만 원만 받기로 했다.

"오늘 저녁에 아버지랑 순댓국이라도 사 드세요."

"다음 주도 엄청 춥다고 하니까 그때는 낮에도 물을 잘 틀어 놓으셔야 해요. 잊으시면 안 돼요."

허리를 숙이며 고맙다고 연신 인사를 하고 배웅까지 나와 주었다. 부디 그 부녀가 더 이상의 불편함 없이 건강하게 겨울을 나길 기도했다.

또 하루는 마포구 당인동으로 출장을 갔다. 역시 아주 추운 겨울이었다. 홍대 거리 상수역 번화가 담 너머로 그런 곳이 있는지 몰랐다. 그곳엔 자주 갔는데 골목이 좁아서 집 앞까지 차도 못 들어가는 집이 있었다. 홍대 번화가에 그런 곳이 있을 줄이야….

동네 어귀에 주차를 하고 400-500미터를 걸어 들어가서 길 끝에 있는 반지하 집에 도착했다. 4층에 사시는 할머니가 지하에 사는 형님네 부부를 위해 전화를 하신 거였다.

요즘은 일이 많아서 설비하는 분들이 변기나 하수구 작업은 좀처럼 하지 않는다. 잠깐 수도배관을 녹여도 몇 십만 원을 받기 때문에 수지 타산이 맞지 않기 때문이다. 하지만 교회 집사님의 부탁으로 마곡에 가야 했기에 그곳에 잠시 들러 보기로 했다.

집에 들어가 보니 아주 힘든 살림살이로 나이 드신 노부부가 살고 계셨다. 예전에도 변기가 막혀서 일주일 동안 지하철 화장실을 사용하셨다고 했다. 단순 막힘 5만 원, 변기 탈거 10만 원, 정화조 배관 통수 20만 원이라고 말씀드리고 제발 단순 막힘이

길 바랐다. 제발 비싼 작업이 아니길 기도했다. 다행히 단순 막힘이어서 금방 해결했다.

결제는 전화하신 분이 하시냐고 물었더니 본인이 하신다고 했다. 금액에 대한 얘기를 못 들으신 것 같아서 5만 원이라고 말씀드렸더니 너무 비싸다고 놀라셨다. 그럼 4만 원만 받겠다고 했더니 할머니가 3만 원은 안 되냐고 하셨다. 안 된다고 했더니 할아버지께서 그냥 주라고 하셔서 마무리가 되었다.

정리를 하고 집을 나와 걸어가는데 마음이 편치 않았다. 1만 원 못 받아도 나한테는 큰 게 아니지만 그분들께는 엄청 큰돈일 것 같다는 생각이 들었다. 그래서 다시 200미터를 걸어서 그 집으로 갔다.

"시골에 계신 부모님 생각이 나서 도저히 그냥 못 가겠네요. 저녁에 어르신이랑 순댓국이라도 사 드세요."

그렇게 말하고 뛰쳐나왔다. 마음이 너무 후련했다. 오늘 밤 편히 잠들지 못할 뻔했는데 다행이었다.

어릴 때 아버지가 농약사를 하셨다. 아는 사람은 알겠지만 시골에서는 농약사로 자식들을 외국으로 유학도 보내는 엄청난 고수익의 직종이다.

사람들은 우리 집이 엄청난 부잣집인 줄 알았지만 사실 그렇

아버지를 보고 사업은 못하겠다 싶었는데
어느덧 사업을 시작한 지 6년이 되어 간다.

지 못했다. 농약을 외상으로 가져가고 가을에 추수하면 갚는 구조였다. 그해 작황이 안 좋으면 1년, 2년 외상이 쌓여 갔다. 연말이면 농약을 공급하는 회사에 아버지도 돈을 줘야 하는데 받은 돈이 없으니 돈을 빌리러 다니는 게 연례행사였고, 사채도 쓰셨다.

엄마는 사람들에게 외상값을 빨리 받으라고 재촉하셨지만, 아버지는 마을 동생들에게 매몰차게 굴지 못하셨던 것 같다. 망해서 감옥에 갔다 오고, 이혼해서 혼자 살고, 집 정리하고 도망간 사람들한테 어떻게 받아 내냐고 하셨다.

그런 아버지를 보고 사업은 못하겠다 싶었는데 어느덧 사업을 시작한 지 6년이 되어 간다. 고향에 순댓국 가게가 없어서인지 아버지가 순댓국을 드시는 모습을 한 번도 본 적이 없다. 아니, 우리집은 외식 한 번 하는 일이 없었으니 순댓국집이 있어도 가 보지 않았을 것 같다. 그렇지만 젊어서 술을 좋아하셨던 아버지는 순댓국도 좋아하실 것 같다. 갑자기 그런 생각이 든다. 지금은 편찮으셔서 거동이 불편한 아버지랑 가게에 가서 순댓국 한 그릇 할 수 있으면 좋을 텐데….

최근 집 앞에 새로 생긴 식당에서 오랜만에 맛있게 먹은 순댓국 때문인지 금방 떠오르는 게 순댓국이다. 뼈해장국보다 뭔가 더 서민적인 느낌이 들고 친근하다. 나도 말끝마다 왜 꼭 순 댓국인지 잘 모르겠다. 순댓국 때문에 아버지가 생각났는지, 몸이 불편하게 힘들게 살아가는 분들을 보니 아버지가 생각났 는지 모르겠지만 일터에서 있었던 일을 핑계 삼아 아버지께 안 부 전화 한번 드려 볼 수 있을 것 같다.

어느 날 부모님이 살고 계시는 시골에서 연락이 왔다. 대략 6-7주 전 즈음에 아버지가 속이 자꾸 따끔거리고 호흡하는 게 힘들어서 병원에 가 보신다고 집을 나서셨는데 코로나 검사에 서 부모님 두 분이 양성이 나와 음압 병실에 입원을 하셨다.

사실 아버지는 3년 전에 폐암 수술을 하고 잘 이겨 내셨다. 숨 쉬는 게 힘들었던 건 폐암 때문이 아니라 젊을 때 담배를 오 랫동안 피워서 폐가 제 기능을 못하기 때문에 이제는 어느 정 도 적응을 하며 사셔야 한다고 담당 의사가 말해 주었다.

그렇게 1주일이 지나 격리가 해제되어 어머니는 집으로 오시 고, 아버지는 추가 검사를 위해 병원에 남으셨다. 위내시경 검 사 결과 식도암 확진 판정을 받으셨다. 청천벽력과도 같은 소식 이었다. 폐암을 이겨 내시고 잘 살아가시는 줄만 알았는데 다른 곳에 또 암이 발생했다는 것을 차마 아버지께 말씀드리기 어려 웠다. 병원에서는 일단 코로나로 인한 폐렴 증상이 남아 있기 때문에 그 치료가 끝나야 식도암을 치료해 볼 수 있다고 해서 폐렴 치료가 끝나기 전까지 아버지께 비밀로 하기로 했다.

병원에서 추가 검사를 받았고, 경추 6번, 흉부 림프절, 간, 폐에도 전이가 된 것 같다는 소식을 듣게 되었다. 병원에서는 3차 병원을 알아보라고 했다. 정확한 판단을 위해 PET 촬영을 해야 하는데 정확한 진단과 의료보험 문제가 있으니 3차 병원에서 검사를 해 보라고 권해 주었다. 그래서 급하게 화순전대병원과 신촌세브란스병원, 현대아산병원을 알아보았고, 그중 가장 빨리 옮길 수 있는 신촌세브란스병원으로 아버지를 모셨다.

"아빠, 식도에 종양이 크게 하나 있어서 속이 그렇게 답답하셨던 것 같아요. 등에 통증이 있어서 똑바로 못 누우시는 것도 경추에 뭐가 있는 것 같으니 큰 병원에서 정밀 검사를 받아 보라고 하네요."

그 종양이 암이라고는 차마 말씀드리기 어려웠다. 아버지께서 알아서 이해하셨을 테니 그 정도만 이야기하는 게 좋을 것 같았다. 그리고 다른 곳으로 전이된 것은 PET 촬영을 한 뒤에 정확히 말씀드리기로 했다. 위내시경과 PET 촬영을 위해 이틀 동안 금식을 하셨다. 안 그래도 뼈밖에 안 남으셨는데 더 수척해 보이셨다.

담당 의사가 배에 구멍을 뚫어서 식사를 하는 위루관 삽입을 권했다. 식도가 종양으로 막혀서 음식물을 삼킬 때마다 고통이 너무 심하기 때문에 통증 없이 충분한 영양을 공급하려면 위루관이 꼭 필요할 것 같다고 했다. 죽처럼 된 유동식을 링거처럼 천장에 매달아 놓고 관을 통해 아버지 배로 주입하는 것이었다.

그렇게 식사하시는 모습을 보니 순댓국이 더 생각났다. 시골집 근처에 순댓국 가게가 없어서 아버지와 함께 순댓국 먹을 일이 없을 것은 알았지만 이제 가까운 곳에 순댓국 가게가 있어도 갈 수 없게 되어 버렸다.

식도암이 해결되지 않는 이상 아버지는 남은 삶 동안 위루관으로만 식사를 하셔야 한다. 가슴이 먹먹해 온다. 추운 겨울 아버지와 아들이 단둘이 순댓국 가게에서 순댓국을 호호 불어가며 이런저런 이야기를 나누는 모습이 오랫동안 아쉬움으로 사진처럼 선명하게 남을 것만 같다.

그동안 너무 궁금했던 젊은 시절의 아버지 이야기를 순댓국 가게에서는 들을 수 없겠지만, 병상에서라도 많이 들어 봐야겠다. 내가 청년의 때를 마무리하는 시간이어서일까? 스무 살, 서른 살의 젊은 아버지의 삶이 궁금해진다. 고등학교를 졸업하고 어디에서 무슨 일을 하셨는지, 군대는 어디로 다녀오셨는지, 내가 태어나기 전 사우디에 가셨다는데 그곳에서는 무슨 일을 하셨는지…. 이제는 힘이 없어서 목소리가 잘 나오지 않아 쉽게 알아들을 수 없지만 꼭 아버지께 직접 묻고, 들어 보고 싶다.

부디 아버지와 더 많은 이야기를 더 오래 나눌 수 있으면 좋겠다. 시간이 정말 많이 남지 않았다.

하수구
뚫는
법대생

"차가 있어야
연애를 하죠."

이제 연애 이야기를 좀 해 보려고 한다.

"병철아, 우리가 죽어라 공부하고 합격하려는 이유가 뭐겠니? 다 좋은 여자 만나려고 하는 거 아니겠니?"

대학 시절 고시공부할 때 친구가 했던 이야기다. 인생에서 사랑하는 사람을 만나고 내 짝을 만나는 것이 그만큼 중요하다는 것을 이야기하고 싶었던 것 같다.

나의 연애 이야기는 우울하고 별것 없는 이야기들뿐이다.

시골에 살았던 나는 중·고등학교 시절에 이성과 교제를 하는 것이 큰일이라도 되는 것처럼 나쁜 일이라고 생각했다. 대체로 침 좀 뱉고, 멋 좀 부린다는 친구들이나 연애를 했지 대부분의 친구들은 연애라는 걸 모르고 지냈다. 마음이야 당연히 있었겠지만 왠지 모르게 학생 본분에 맞지 않는 행동이라고 생각했던 것 같다.

대학생이 되어 몇 번의 연애를 해 보았지만 한두 달도 되지 않아 헤어지고 말았다. 고시공부에 대한 압박 때문에 여자 친구에게 소홀하게 되었고, 순박하게 생긴 외모와 달리 나름 까칠하고 나쁜 남자였던 것 같다. 외로움에 지쳐 모든 것을 다 해 줄 것처럼 잘해 주다가도 공부해야 한다는 부담감에 상대 여자를 힘들게 했다.

그렇게 한동안 연애는 생각도 하지 않고 살다가 사업을 시작하면서 다시 마음을 품기 시작했다.

취업 문제가 해결이 되자 이제는 만남과 연애, 결혼에 관심이 생겼다. 주위에서 많은 사람을 소개해 주고, 나도 의지를 가지고 만나 보려고 했다. 우여곡절 끝에 시작한 사업이었고, 나를 사랑해 주는 많은 사람들의 분에 넘치는 칭찬이 있었으며, 무엇보다 하나님께서 그 자리를 허락하신 것이라는 강한 마음이 들었기에, 나는 일에 대한 자부심이 넘쳐서 자매들에게 나의 일을 서슴없이 소개했다.

분명 그런 마음이었던 것 같은데 지금 그때를 생각해 보면 직업에 대한 콤플렉스와 다른 사람들의 시선에 대한 나의 생각이 섞여 열등감으로 가득 찼던 것 같다. 일에 대한 자부심이 아니라 열등감 때문에 나의 일을 있는 그대로, 아니, 오기로 더 생생하게 표현하지 않았나 싶다. 아마도 후자의 마음이 더 컸던 것 같은데 어쨌든 그때의 내 마음은 그랬다.

하지만 현실은 냉혹했다. 의도한 건 아니었지만 소개로 만났던 자매들의 직업이 국제변호사, 교사, 공무원 등이었다. "하수구 뚫고 변기 뚫는 일을 합니다."라는 말을 듣자마자 자매들의 표정이 일그러졌고, 서로 직업에 대한 이야기만 나눴을 뿐인데 가는 길이 다른 것 같다고 나를 매몰차게 거부했던 자매도 있었다.

그런 만남이 반복되자 내 마음은 점점 무너져 내렸고, 오기와 악만 마음속에 차오르기 시작했다. '오히려 잘된 것이다. 이상한 자매들을 미리 걸러 내는 것이다.'라고 생각하며, 나를 있는 그대로 사랑해 줄 수 있는 사람을 만날 수 있는 기회로 삼으라고 위로해 주는 분들이 많았다.

나도 그래야겠다고 다짐했지만 거절감이 계속될수록 나의 마음은 단단하게 굳어져 갔다. 그럴 때마다 나도 '내가 너희들보다 돈을 못 버냐, 공부를 덜 했냐?'라는 치사하고 졸렬한 마음으로 나를 애써 위로했다.

정말 수없이 소개팅을 하고, 크리스천 데이트 어플을 통해 만남을 가지기도 했다. 만남이 성사되지 않는 것을 힘들고 더러운 일을 하기 때문에 그런 것이라 생각했고, 하나님을 원망하기 시작했다. 수험생활을 끝내고 경제적 자립을 하게 해 주신 것이 너무나 감사했는데 그 마음이 어디로 갔는지 모르게 사라져 버렸다. 그토록 달라고 한 일인데, 주신 그 일 때문에 하나님을 원망하고 있었다.

그러다가 교통사고가 났고, 다시 제발 일만 하게 해 달라는 간절한 마음이 생기면서 내 일을 진심으로 사랑하는 마음이 생기기 시작했다.

그즈음에 목사님의 조언이 있었다. 소개로 처음 만나는 자리에서 굳이 하는 일을 적나라하게 표현할 필요가 있느냐고 하시면서, 자매들이 부담을 갖지 않을 정도로 간단히 표현하는 것이 지혜로운 것 같다고 하셨다. 나라는 사람을 알아보기도 전에 굳이 자매들에게 선입견이나 안 좋은 인상을 심어 줄 필요가 있겠냐는 것이었다. 그래서 그때부터 무슨 일을 하느냐고 물으면 '상하수도 배관 설비 사업'을 한다고 말했다. 그게 무슨 일이냐고 구체적으로 물어보면 상하수도 배관을 신설, 유지, 보수하는 일이라고 덧붙였다.

그때부터 주변 사람들은 나에게 차를 사라고 했다. 연애와 결혼을 하려면 차가 있어야 한다는 것이었다. 이미 화물차가 있었고, 좁은 오피스텔에 차 두 대를 주차한다는 게 과해 보였다. 평일에는 업무를 위한 화물차 하나로 충분했고, 주말에는 교회에 가기 때문에 차가 필요 없었다. 차는 결혼해서 사야겠다고 생각했다.

"형님, 차 한 대 뽑아요."

"결혼한 다음에 살 거야."

"차가 있어야 결혼을 하죠."

"병철아, 좋은 사람을 다양하게 만날 수 있는 기회로 삼아."

"네가 하는 일도 힘든데 차까지 없으면 너에 대한 이미지가 처음부터 좋지 않을 것 같아."

"나이 40에 보여 줄 수 있는 건 차밖에 없어."

"니가 얼마나 좋은 사람인지, 얼마나 성실한 사람인지, 돈은 얼마나 있는지 어떻게 보여 주겠니?"

"나이가 40이니 만날 수 있는 여자들 나이도 한정되고, 그중에 예쁜 여자는 더 적고, 그중에 또 차가 없으면 싫다고 하는 사람들을 제외하면 더 만나기 어려워져."

정말 많은 사람들의 많은 말이 있었다. 뉴질랜드로 이민을 가면서 소개팅을 해 주신 형님도 공항에서 마지막 전화를 하시면서 차를 사라고 귀에 못이 박히게 얘기하셨다.

모두 나를 정말 잘 알고, 나를 좋아해 주는 사람들의 말이었다. 이쯤 되니 점점 헷갈리기 시작했다. 처음엔 그런 말을 들을 수록 고집이 생겼다. 투자 회사 존 리 대표가 차가 없으면 의식 있고 검소하다고 하지만, 내가 같은 의도로 차를 사지 않으면 궁색하다고 말하는 현실이 싫었다.

최근에 재미있게 읽은 『난처한 미술이야기』라는 책에 주먹도 끼와 빗살무늬 토기 이야기가 나온다. 도끼와 토기는 무언가를 다듬거나 저장하는 용도로 사용한다. 그런데 그 본래 용도와는 전혀 상관없는 완벽한 좌우 대칭과 과한 문양이 표현되어 있다. 본래 용도와 상관없는 그 형식들을 표현하는 데 더 많은 수고 와 시간이 소요된다고 한다. 형식을 위한 수고가 본질을 위한 수고를 이미 뛰어넘어 버렸다.

원시 시대의 사람들이 굳이 그렇게 했던 이유는 무엇일까? 학자들은 완벽한 좌우 대칭의 도끼와 아름다운 문양의 토기가 이성에게 섹시하게 보일 수 있는 방법이었다고 말한다. 맘에 드 는 이성에게 호감을 사기 위한 방편이었다는 것이다. 예나 지금 이나 남자들의 생각은 상당히 비슷해 보인다. 본능적인 무언가 가 있는가 보다.

돌도끼와 빗살무늬 토기 본연의 기능(다듬거나 저장하는 기능)이 본질인가, 아니면 이성에게 섹시하게 보이는 것이 본질인가? 이 쯤 되면 어떤 기능이 본질인지 쉽게 말할 수 없을 것 같다.

본질을 고민하는 나에게 최근에 한 동생과 나누었던 대화가 생각난다.

"여자 만나려고 차를 사야 한다는 말이 나는 참 슬프다."

"형, 이미 그걸로 충분한 이유가 되지 않나요?"

어쨌든 나는 지금까지 화물차 외에 승용차를 따로 구입하지 않았다. 신념을 지킨 것인지, 고집을 피우는 것인지 알 수 없지만 차를 사고 싶은 마음이 나에게는 욕구로 다가오지 않았다.

그러다가 한 자매를 만났다. 이 글의 원고가 채 완성되기도 전에 만나서 6개월 만에 결혼식을 올리게 되었다. 지금은 한 여자의 남편이 되었고, 한 집안의 가장이 되었다. 기적이다.

교회 동생 지인의 소개를 받았다. 처음에 만났을 때 자매는 멋도 많이 부리지 않고 털털한 차림이었다. 소개팅에 별 기대가 없는 것 같았다. 자매는 나를 별로 마음에 들어 하지 않는 것 같았지만, 자신 있고 당당한, 에너지 넘치는 목소리가 좋았다. 그리고 자매가 병원에서 근무하고 있었는데, 마침 그곳은 친구의 딸이 진료를 받으러 다니는 병원이었다. 자매는 내 친구를 알고 있었다. 잘 알고 지내는 환자의 보호자라고 했다.

세상이 이렇게 좁다. 대전에 사는 친구가 서울에 있는 병원에서 치료를 받는데 거기 근무하는 사람과 소개팅을 한 것이다.

그 친구가 나랑 그 자매가 잘 어울릴 것 같다고 얘기했던 것도 자매에게 호감을 갖게 되는 계기가 되었던 것 같다.

우리는 서로 관심사도 다르고 취미도 다르고 많은 것이 달랐다. 무엇보다도 자매는 내 이야기에 재미를 느끼지 못하는 것 같았다. 긴장이 되었고, 잘해 보고 싶은 마음에 더욱 집중하다 보니 로봇처럼 대했다.

나와 있는 시간을 지루해하는 것 같은 자매에게 DTS[3]와 『어! 성경이 읽어지네』[4] 이야기를 했더니 그때부터 흥미를 갖기 시작했다. 나중에 들어 보니 형제들 중에는 그것을 모르고 관심도 없는 사람이 많은데 그것을 이야기하니 그때부터 호감이 생겼다고 한다.

그렇게 우리는 서로 알아 가는 시간을 가지며 두 달 후에 공식적으로 교제를 시작하게 되었다. 모든 일에 신중하고 매사를 하나님께 묻고 기도하자는 자매가 답답하게 느껴졌지만 오히려 그런 자매여서 더 좋았던 것 같다.

나는 하나님이 나를 사랑하시니 나의 모든 결정에 함께하셔서 선한 길로 이끌어 주실 것이라는 확신이 있었다. 힘든 길을

---

3) '예수전도단' 선교단체 소속 교육 기관인 열방대학에서 실시하는 훈련. 예수 그리스도의 제자로 살아가는 기본적인 삶을 훈련하고, 하나님과의 친밀감과 개인의 영적인 성장을 이루어 하나님 나라에 위탁된 삶을 살도록 훈련하는 과정이다.
4) 이애실 사모가 성경을 쉽게 배울 수 있도록 구성한 책이다.

돌아서 갈 수는 있겠지만, 그렇게 믿음으로 하나님께 반응하는 것이 더 멋진 것이라고 생각했다.

모든 것을 하나님께서 응답하실 때까지 물어야 한다고 배웠음에도 주야장천 그 응답만을 기다리고 있는 사람들이 자신의 선택에 대한 책임을 하나님께 전가시키고 있는 것은 아닌지 답답한 생각이 들기도 했다. 하나님께 아무것도 기도하지 않고, 아무것도 묻지 않는다는 말이 아니다. 어느 정도 기도하고 그 뜻을 물었다면 함께하실 하나님을 신뢰하며 행동으로 나아가는 것이 믿음의 길이 아닌가 생각했다.

사울 왕이 나단 선지자를 기다리지 못해 책망받은 사건을 성경에서 보았지만, 그것은 하나님을 믿지 못하고 내린 결단이었고, 내가 말하는 결단은 하나님에 대한 신뢰를 기초로 내리는 결단이기 때문에 그 결이 다르다고 생각했다. 끝까지 응답을 기다리는 것도 맞고, 믿음으로 행동하는 것도 맞지만 지금 생각해 보면 매사에 충분히 기도하지 못하는 나에게 자매를 보내신 것은 하나님의 음성을 듣는 훈련이 필요해서였던 것 같다.

우리의 만남을 놓고도 기도와 말씀으로 응답을 기다렸다. 자매가 그렇게 하자고 했다. '서로 호감이 있으면 만남을 시작하는 거지 뭘 이렇게 어렵게 하나?' 하는 마음이 있었지만 자매가 마음에 들었던 나는 자매의 말을 따를 수밖에 없었다. '말씀으로 응답을 받지 못하면 어떡하나?' 걱정이 되었지만 하나님은 나와 자매 모두에게 응답해 주셨다. 나에게 주신 말씀은 창세기 21장 22절, 아비멜렉이 아브라함에게 하는 말씀이었다. "네가 무슨 일을 하든지 하나님이 너와 함께 계시도다." 하나님께서 나의 선택을 응원하시며 축복하신 것 같다.

그런 과정을 겪어서인지 우리는 이미 교제를 시작하면서부터 결혼에 마음이 있었다. 서로를 다 알기도 전에 교제를 시작하고 곧바로 결혼을 이야기하는 것이 다소 성급해 보일 수 있지만 자연스럽게 결혼 이야기가 오갔고, 코로나가 언제 끝날지 모르니 말 나온 김에 서두르자고 하여 5월에 처음 만나서 7월에 교제를 시작하고 11월에 결혼식을 올리게 되었다.

폭풍 같은 시간이었지만 다른 사람들처럼 1년 전부터 결혼을 준비했다면 우리 두 사람의 성향을 생각할 때 지치고 힘들었을 것 같다. 하나님께서 우리의 성향을 잘 아시고 그렇게 일을 서두르셨던 것 같다.

짧은 결혼 준비 기간이었지만 모든 것이 은혜로 채워졌다. 예식을 앞두고 4주 전에 신혼집에 문제가 생겨서 집을 다시 알아봐야 했는데 정부 대출 정책과 그 집에 신탁이 걸려 있어서 엄청나게 마음고생을 했다. 하지만 결국 교회와 아내의 직장 가장 가까운 곳에 집을 얻을 수 있었고, 오히려 신탁 때문에 전세

보증금이 더 안전해지는 장치가 되었다.

뿐만 아니라 나의 결혼식 로망이었던 담임 목사님의 주례와 시골 교회 형의 축가를 두 분의 사정으로 들을 수 없었지만, 오히려 그것이 그분들과 더 애틋한 시간을 보낼 수 있는 계기가 되었고, 그분들 못지않은 좋은 주례와 축가도 받을 수 있었다. 모든 것이 완벽하고 좋은 시간이었다.

식장을 찾은 한 선배가 옆에서 "병철 오빠 결혼 하는 거 보니 하나님이 살아 계신다."라고 이야기 하는 것을 듣고 엄청 웃었다고 한다. 결혼 소식을 전해 들으신 목사님도 "우리 하나님이 살아 계신다"며 너무 기뻐해 주셨다. "내 결혼이 하나님이 살아 계시다는 것을 보여야만 가능한 일인가요?" 하고 한바탕 웃었지만 사람 만나기 힘든 코로나 시기에 만나서 6개월 만에 결혼식을 올린 것은 진짜 뭐라고 말로 설명할 수 없을 것 같다.

코로나가 한창일 때 만난 우리는 데이트 시간과 장소에 많은 제한을 받았다. 그래서 차에서 많은 시간을 함께했다. 화물차로 데이트를 했다고 생각할 수 있겠지만 우린 만날 때마다 승용차나 SUV로 데이트했다. 물론 대중교통을 이용하여 만나기도 했다. 그렇지만 우리는 차에서 많은 이야기와 정서적 교감을 나눌 수 있었다. 바로 '쏘카'를 이용해서다. 마침 패스포트라는 제도가 생겨서 연회비만 내면 대여료의 50퍼센트를 감면해 주

"연애를 하기 위해 차를 사는 것이
선악의 문제도 아니고 잘잘못의 문제도 아닌데
나는 차를 사야만 연애를 할 수 있다는 생각을
잘못으로 규정하고 그것과 맞서 싸웠던 것 같다."

는 것도 생겼다. 하나님께서 우리의 만남을 축하해 주시고, 도우시기 위해 선물을 주시는 것 같았다.

그렇게 나는 차를 사지 않고도 연애와 결혼에 성공할 수 있었다. 하지만 차가 없었다면 우리의 연애는 쉽지 않았을 것이다. 그 시간을 보내고 보니 주변에서 그토록 차를 사라고 했던 이유를 알 것 같다. 연애를 하기 위해 차를 사는 것이 선악의 문제도 아니고 잘잘못의 문제도 아닌데 나는 차를 사야만 연애를 할 수 있다는 생각을 잘못으로 규정하고 그것과 맞서 싸웠던 것 같다. 다시 돌아가도 똑같은 선택을 할 것 같지만 그것을 잘못으로 규정한 나의 생각은 분명 유연하지 못한 사고였다. 그 생각은 내 안에 도그마가 되어 굳이 지켜 내려고 노력하지 않아도 될 안간힘의 대상이 되었던 것 같다.

나의 일에 관심을 갖고 궁금해하며, 나를 있는 그대로 사랑해 주는 아내를 만나게 되어 감사하다. 이 글이 40대 크리스천 싱글남의 이야기가 될 줄만 알았는데 조금은 밝은 분위기로 글을 이어 갈 수 있는 것도 감사하다. 무엇보다 나의 기도와 나의 몸부림을 기억해 주신 하나님께 감사드린다.

하수구
뚫는
법대생

일을 시작한 지 얼마 되지 않았을 때 고시공부를 함께 했던 친구에게서 연락이 왔다. 고시촌 원룸에서 지내며 공부하고 있는데 당장 방세를 내지 못해서 나에게 연락을 한 것이었다. 6월에 2차 시험을 마치고 내년 시험이 있을 때까지 아르바이트를 하며 생활비를 마련할 것이라고 했다. 홍대 쪽에 백화점이 올라가는데 두 달 후부터 그곳에서 전기 일을 하면서 생활비를 준비하려고 하는데 당장 이번 달 월세와 생활비가 없어서 전화를 한 것이었다. 고민할 필요가 없었다. 고단한 친구의 삶을 누구보다 공감할 수 있었고, 나한테까지 전화할 정도면 얼마나 상황이 어려운지도 알 수 있었다.

친구는 그 돈을 꼭 나에게 빌리고 싶었다고 했다. 그 친구의 고향 친구들 중에도 여유가 있는 친구들이 있어서 그들에게 돈을 빌릴 수 있었지만, 사행성으로 돈을 번 친구들의 돈이 아닌, 큰 용기와 결단으로 땀 흘려 번 나의 돈을 빌리고 싶었다고 했다. 돈이면 다 똑같은 돈이지 무슨 허세 잔뜩 낀 소리냐고 생각할 수 있겠지만, 나는 그 친구의 마음을 알 것 같았다. 큰 뜻을 품고 인고의 시간을 겪으며 수험생활을 이겨 내고 있었기에 쉽게 번 돈이 아니라 땀 흘려 모은 의미 있는 돈을 꼭 빌려 보고 싶었던 것이다. 어쩌면 본인의 수험생활이 내가 땀 흘려 모은 돈처럼 의미 있는 결과로 마쳐지길 바라는 마음이 있었는지도 모르겠다. 그렇게 친구의 계좌로 백만 원을 보내 주었다.

그 친구는 처음으로 전기 일을 해 보는 것인데도 불구하고 금방 일을 배우고 익혀 나갔다고 한다. 어린 시절부터 돈을 벌기 위해 공사 현장이나 조선소에서 일을 해 봤고, 그때 용접이나 그라인더, 드릴 작업을 많이 해 봤다고 했다. 공구를 잘 다루고, 현장에 익숙했고, 거침이 없고, 사교성이 좋은 그 친구 주변으로 많은 사람이 몰려왔다.

일반 건설 노동자들은 도면을 볼 수 있는 사람이 거의 없다고 한다. 그런데 친구는 헌책방에서 책을 사면서까지 전기 일을 공부하고 도면까지 보게 되었다. 대체로 팀장급의 사람들만 도면을 볼 줄 알기 때문에 도면을 볼 줄 아는 그 친구는 팀장이 하는 일도 맡아서 했다고 한다. 그러면서 자연스럽게 팀을 꾸리게 되었고, 팀을 책임지는 반장이 되었다.

건설 현장에는 안 좋은 관행이 하나 있다고 한다. 자기 밑에 있는 사람들의 하루 일당에서 일정 금액을 떼어 가는 것이다. 현장에서는 그것을 똥을 떼 간다고 부른다고 한다. 하지만 똥을 뗄 수 있는 자리에 있는 친구는 자기 밑에 있는 사람들의 일당에 손을 대지 않았다. 다른 팀장들이 "너만 그렇게 깨끗한 척 유난 떨지 마라. 네가 그러면 우리가 뭐가 되냐?"라고 압박했지만 친구는 흔들리지 않고 소신을 지켜 냈다. 인권변호사가 꿈인 그 친구에게는 가당치도 않은 일이었기 때문이다. 그럴수록 그 친구에게 실력 좋은 사람들이 몰려왔고, 친구의 영향력은 더욱 커지기 시작했다고 한다.

"병철아, 나도 솔직히 그 돈 욕심난다. 똥 떼서 한 달에 2천만 원씩 가져가는 사람들도 있대. 하지만 내가 그런 거 바꾸려고 이렇게 공부한 건데 어떻게 그럴 수 있겠냐? 하지만 나도 집에 아픈 사람이 생기거나 돈이 꼭 필요한 순간이 오면 어떻게 될지 자신이 없다. 아직까지는 지금 받는 월급으로 생활하기에 충분하니까 계속 그래 볼 거다."

어느덧 그 친구는 이제 공부하기 위해 일을 그만두어야 했지만 모여든 사람들 때문에 도저히 그만둘 수가 없었다고 한다.

자기가 일을 그만두면 자기 밑으로 모여든 사람들이 다시 뿔뿔이 흩어져야 하고, 일자리를 걱정해야 하는 사람들도 생겨나기 때문이었다. 그래서 그 친구는 고시촌으로 돌아가지 않고, 계속 일을 하게 되었다. 전기에서 목수로 팀을 바꾸고, 더 큰 팀을 꾸려서 인천 지역으로 가게 되었고, 지금은 거대 노총의 최연소 간부가 되어 일선에서 노동운동을 하고 있다. 친구가 자리를 잡아 가게 된 이야기를 들어 보면 한 편의 드라마가 따로 없다. 고시공부를 하던 그 친구와 나는 이제 둘 다 건설 현장에서 근무하는 사람이 되었다.

우리 둘만 아는 삶의 애환이 있고, 이해할 수 있는 부분이 있어서일까? 우리는 더 자주 만나서 현장의 이야기를 하고, 현장에서 만나는 사람들의 이야기를 했다. 그리고 계속 서로의 꿈을 이야기하고 응원해 주었다.

친구가 일을 시작하고 여유가 생기면서 백만 원을 보내 왔다. 맛있는 식사도 대접해 주니 기분이 너무 좋았다. 무엇보다도 그 돈이 친구에게 도움이 되었고, 이렇게 자리를 잡는 데 일조했다는 것이 너무 감사했다.

그즈음에 어린 시절 시골 교회에서 신앙생활을 함께했고, 성악을 전공해서 독일로 떠났던 동네 형이 잠깐 한국에 들어왔다는 이야기를 들었다. 다시 독일로 떠난다고 해서 인천 공항으로 배웅을 갔다.

 그 형은 한국에서 결혼을 하고 독일 유학길에 올랐다. 피아노를 전공하는 형수와 함께 독일로 가서 어렵게 학업을 마쳤지만 동양 사람들에게 맡겨지는 배역이 한정되어서 극단 같은 곳에 취업하는 것이 힘들었고, 어렵게 아르바이트를 하며 오디션을 보면서 생활을 이어 나갔다고 한다. 그사이 아이가 생겨서 출산을 하게 되었는데 뇌에 난치병을 가지고 태어났고, 형수는 출산으로 건강이 매우 안 좋아졌으며, 형은 경제활동을 하면서 아내와 아이를 돌보느라 출산과 육아의 기쁨을 느낄 틈도 없이 외롭고 힘든 시간을 보냈다고 했다. 일이 있어서 한국에 잠깐 들어왔는데 아들이 갑자기 아파서 급하게 형 혼자 출국하게 됐다고 했다.

 '하나님, 아픈 자녀와 아내를 한국에 남겨 두고 급하게 가야 하는 형의 마음이 어떨까요?'

 이런 생각이 드니 가슴이 먹먹해졌다. 마침 친구에게 빌려 주고 받은 돈이 생각났고, 그 돈을 형에게 보내야겠다는 마음이 들었다.

 '하나님, 이 돈은 제 돈이 아닌가 봐요.'

 "형! 조카 태어나고 아무것도 못해 줬는데 이걸로 맛있는 거 사 주고 옷도 좀 사 줘요."

출국장으로 들어가는 형에게 봉투를 건네고 집으로 왔다. 집으로 돌아오는 길에 형에게 전화가 왔다.

"야! 무슨 돈을 이렇게 많이 넣었냐?"

"형한테 받은 것도 많고, 고마운 것도 참 많은데 조카가 태어났는데 아무것도 못해 줬잖아요. 맛있는 거 사 주고, 예쁜 옷도 몇 벌 사 주고 그래요. 마침 친구 빌려 주고 돌려받은 돈이었는데 하나님께서 형에게 주라는 마음을 자꾸 주셔서…"

나의 중·고등학교 시절과 20대 초반을 오롯이 함께한 형이었다. 그 형이 아니었다면 내가 지금까지 신앙생활을 할 수 있었을까? 교회에서 찬양팀과 성가대를 함께했고, 이상하게도 수련회 때마다 자주 같은 조가 되어서 조별 발표나 여러 활동을 같이 했던 것 같다. 운동을 잘했던 형과 축구와 농구를 자주 즐겼으며, 방학 때는 형 집에 자주 놀러 가서 많은 남자아이들이 거의 합숙을 하다시피 하며 놀았다. 스무 살이 되어서는 광주에서 재수 생활을 했는데 다시 수능을 준비하는 형과 또 함께 시간을 보냈다. 내가 교회에 정착하고, 재미를 붙일 수 있게 해 준 사람이었다. 나의 신앙의 기초를 만들어 준 사람이라고 해도 과언이 아니다.

그렇게 형은 독일로 갔고, 몇 년이 지나 독일 생활을 마치고 한국으로 돌아오게 되었다. 다행히 아들은 증상이 발현되지 않고 정상적인 생활을 할 수 있게 되었다. 언제 또 증상이 나타날지 모르지만 이렇게 계속 괜찮을 수도 있고, 꾸준히 병원 치료를 받으며 보살펴 줘야 한다고 했다.

한국으로 돌아온 형은 꾸준히 노래를 했지만 오페라나 성악의 수요가 많지 않아 이곳에서의 생활도 녹록지 않았다. 각종 아르바이트를 병행해야 생활할 수 있었다. 그렇게 계속 연락을 주고받으며 내 결혼 소식을 전하게 되었다.

누구보다 나의 결혼을 축하해 주었고, 그런 형에게 결혼 소식을 알릴 수 있어서 기뻤다. 어릴 때부터 나의 결혼식에는 무조건 형이 축가를 해 줘야 한다고 생각했다. 나는 결혼식 때 반드시 하고 싶은 로망 같은 게 없는 사람인 줄 알았는데 담임 목사님의 주례와 형의 축가는 반드시 받고 싶다는 바람이 있다는 것을 알게 되었다.

결혼식 날짜가 확정되자마자 형에게 전화를 했다. 결혼식이 끝나고 오페라가 있는데 격주에 한 번씩 서울 팀이 광주로 내려가서 합동 연습을 한다고 했다. 혼자 하는 연습이면 어떻게 뺄 수도 있는데 그 연습은 다른 사람들과 함께 하는 연습이기 때문에 절대로 뺄 수가 없어서 축가를 못하게 될 수도 있다고 했다. 그래도 가능성을 기대하며 기도했지만 결혼식 2주 전에 서울에 못 올라온다는 소식을 들었다. 많이 아쉬웠지만 형의 일이 많아지고 바빠지니 좋았다. 결혼식을 마치고 시골에 내려가면 그때 얼굴을 보기로 했다.

예식을 마치고 녹초가 되어 숙소로 들어왔다. 이제 좀 숨을 돌리고 쉬려는데 형에게 메시지가 왔다. 축하한다는 메시지와 PDF 파일, 녹음 파일이었다.

녹음 파일을 열어 보니 형이 직접 부른 축가였다. 내 결혼식에서 불러 주려고 이미 노래를 정해 놓았는데 본인도 불러 주지 못해 너무 아쉬워서, 서울 팀과의 합동 연습이 끝나자마자 연습실에 홀로 남아 축가를 녹음했다고 했다. "서툰 고백"이라는 곡이었다. 진솔한 가사에 형의 목소리가 더해지고, 그동안의 추억이 겹쳐져 눈시울이 붉어지고 감동을 주체할 수 없었다. 연습이 끝나고 부랴부랴 축가를 부르며 녹음하는 형의 모습이 선명하게 눈에 그려졌다.

나 떨리는 입술로 서툰 고백을 하오.
참 멋쩍은 표정과 설레는 내 마음

내 숨겨 왔던 용기로 서툰 고백을 하오.
참 촌스러운 말투로 그대만을 위해
우리 함께할 그 시간이
우리 함께할 그날들이
이제 영원히 이제 영원히

내 곁에

나 행복이란 선물로 서툰 고백을 하오.
두근대는 마음과 설레는 내 마음

내 참아 왔던 눈물로 나 당신 앞에 서 있소.
참 어색한 그 말투로 그대만을 위해

우리 함께할 그 시간이
우리 함께할 그날들이
이제 영원히 이제 영원히
내 곁에

오 나의 사랑, 함께할 그 시간이
내 사랑, 함께할 그날들이
이제 영원히 이제 영원히
내 곁에

이제 영원히 내 곁에

그 어떤 유명한 성악가가 부르는 것보다 감동적이었다. 눈앞에서 축가를 불러 주는 것 같았다. 신혼여행 내내 들으며 형의 흉내도 내며 따라 불렀다. 내가 받을 수 있는 최고의 축가였다.

신혼여행 중에 아내와 함께 핸드폰을 보다가 형이 보낸 PDF 파일을 본 아내가 그것이 무엇이냐고 물었다. '노래 가사겠지.' 하고 안 열어 봤다고 하니 열어 보라고 했다. 그래서 눌러 보았는데 놀랍게도 형이 직접 손으로 써서 스캔해서 올린 손 편지였다.

어린 시절의 동생이자 인생의 벗인 병철에게

...결혼 축의금은 2017년 10월 29일 인천 국제 공항을 회상하며 보낸다. 인생에서 가장 힘든 시절, 그리고 빛이 보이지 않을 것 같은 어두운 터널 속 시간을 걸어가고 주저앉기를 반복하면서 힘겹게 걸어 나아가던 그때에 누군가 나를 지켜봐 주고 있고, 어깨동무도 기꺼이 해 주는 진정한 벗이 있구나 느끼고 힘이 많이 되어 준 기억의 날이었어. 펜에서 작업도구로, 그리고 그 액수가 모아지려면 어떠한 과정과 상황이 있었을지 알 것 같고 느껴지기에 참 감동이었고 감사했어. 나도 열심히 음악과 관련된, 그리고 전혀 관련되지 않은 일들을 하며 기쁜 마음으로 모아 봤고, 너의 인생사 가장 큰일에 이렇게 보내 줄 수 있어 감사하다! 축가와 함께 직접 얼굴 보고 전달하고 싶었는데 정말 미안하다....

2021. 11. 20

대한민국 광주에서 '하늘의 성악가'가
'하늘의 재판관'이면서 인생의 벗인 병철에게

편지를 보고 통장을 조회해 보니 형이 보내 준 축의금 백만 원이 있었다. 형이 독일로 다시 돌아갔던 날이 2017년 10월 29일이었나 보다. 어떻게 그날을 날짜까지 기억하고 있었을까. 그날이 형에게는 생생히 기억되는 날이었나 보다. 형에게는 그 돈이 마음을 위로하고 짐을 함께 져 주는 의미가 있었던 것 같다.

하나님께서 주신 감동으로 그 돈을 형에게 줄 수 있었는데 이렇게 큰 의미가 있었다는 것이 놀랍기만 했다. 형은 꼭 그 돈을 축의금으로 주고 싶었나 보다. 광주에서 여러 가지 아르바이트를 하면서 모은 돈이었기 때문에 내가 그 돈을 모으기 위해 얼마나 수고했을지 다 아는 것 같았다. 축의금으로 받기에는 너무 큰돈이었지만 형의 마음이 충분히 이해되어 감사히 받기로 했다.

스무 살에 재수를 하면서 서로에게 "하늘의 성악가", "하늘의 재판관"이라고 불러 줬었는데 그 말을 지금까지 기억하고 있었나 보다. 지금 생각해 보니 하늘의 재판관은 하나님이시다. 아무것도 모르고 그저 법 공부한다고 하늘의 재판관이라고 불러 달라고 했다. 지금은 재판관의 길을 걷지 않지만, 하늘의 재판관께서 이 땅의 질서를 회복하시는 일에 동참하고 있으니 어찌 보면 그 꿈을 이뤘는지도 모르겠다.

돈이란 것은 참으로 신기하다. 나에게만 있었다면 그저 백만 원의 가치였을 돈이 친구를 거쳐 200만 원의 가치가 되었고, 그것이 다시 형에게 가서 300만 원의 가치가 되었고, 잊고 지냈던 돈이 다시 내게 돌아와 이제는 400만 원의 가치가 되었다. 내가 움켜쥐고만 있었다면 백만 원밖에 안 되었을 돈이 돌고 돌아 400만 원이 되어 돌아왔다. 무엇보다도 그 돈의 노예가 되지 않고, 하나님이 함께하시고 일하시는 도구로 쓰임받을 수 있었던 것이 감사하다. 앞으로도 나에게 있는 돈이 수백, 수천의 가치를 갖는 돈으로 사용되기를 바란다.

구제를 좋아하는 자는 풍족하여질 것이요
남을 윤택하게 하는 자는 윤택하여지리라
― 잠언 11:25

"

하나님은 나에게 예배를 받고 싶어 하신다.
예배당에서 드리는 공예배뿐만 아니라
일상과 일터에서도 예배자로 부르시고,
예배하라고 하신다.

하수구
뚫는
법대생

11
네모난
하수구

    2021년 4월 초, 보조기를 차고 간단한 일만 조금씩 하며 재활을 하던 무렵에 대표형님께 전화가 왔다.

    이제 한국 생활을 정리하고 가족이 있는 뉴질랜드로 가고 싶다고 하셨다. 몇 개월씩 왔다 갔다 하셨는데 이번에는 완전히 정리하고 떠나겠다고 하셨다. 뉴질랜드에서 배관 설비를 하기 위해서는 대학을 나오고 자격증을 받아야 한다. 형님은 기술이 아주 좋고 영주권도 따셨지만, 자격증이 없으면 일에 제한이 있어서 아르바이트 정도의 일밖에 못하기 때문에 뉴질랜드에서 할 일을 모색하던 중에 경기도 이천까지 가서 방충망과 방범창을 시공하는 교육을 받으셨다고 했다. 그 일을 도와주신 사장

님은 여러 가지 사업을 구상하고 계셨기 때문에 마침 대표형님
께 사업 협력을 제안하셨고, 곧 한국을 떠나야 하는 형님은 나
를 그 사장님께 추천해 주셨다.

"병철아, 너 무릎이 언제 나을지도 모르고 앞으로 일을 제대
로 할 수 있을지도 모르잖아. 그런데 방충망 사업은 무거운 장
비를 들 일도 없고 지금 너 정도 몸 상태로도 할 수 있을 것 같
다. 그리고 앞으로는 미세먼지나 보안이 중요하기 때문에 방충
망을 넘어 방진, 방범망(뮤)도 괜찮을 것 같더라. 게다가 방충방
은 4-6월이 성수기이고 우리는 한겨울이 성수기니까 같이 하
면 정말 좋을 것 같다. 돈도 엄청 많이 벌더라."

그동안을 되돌아보면 대표형님의 말을 듣고 잘못된 것이 하
나도 없었다. 배관 설비 사업으로 자리를 잡기까지 형님의 말만
듣고 따라왔다고 해도 과언이 아니다. 그런 형님이기에 신뢰할
수 있었다.

형님의 말을 듣고 교회 동생과 함께 방충망 사장님을 찾아뵙
기로 했다. 그 동생은 이 일에 관심이 있어서 오래전부터 여러
업체를 비교해 보았다고 했다. 요즘 워낙 먹고살기가 힘들어서
생계형 일자리 사업을 배우기 위해 찾아오는 사람이 많고, 심
지어 강원도와 부산에서도 일을 배우고 갔다고 했다. 그곳 사
장님은 3일 수업에 150만 원을 받으시는데, 다른 업체는 5일

수업에 300만 원을 받는다고 함께 간 동생이 알려 주었다.

처음 본 사장님의 인상은 아주 친근했다. 동네 아저씨처럼 푸근한 인상에 신뢰감이 가는 목소리를 가지고 계셨다. 예전에 네이버 광고 팀에서 근무하셨는데 뒤늦게 방충망 사업을 시작하셨고, 인터넷 광고 생태계를 훤히 알고 계셔서 다른 사람들보다 훨씬 빠르게 성장했다고 했다. 지금은 업계에서 최고 수준으로 수입을 올리고 계신다고 했다. 성수기 동안의 월 순이익이 2천만 원이 넘는다고 하니 할 말이 없었다.

'이게 돈이 될까?' 생각했는데 역시 업계마다 최고 수준의 고수들은 업종이 무엇이든 많은 수입을 올린다는 것을 알게 되었다. 그동안 이런 사업이 있는지도 모르고 관심 없이 살아왔는데 정말 세상은 넓고 모르는 것이 많다는 것을 다시 한 번 느끼게 되었다.

방충망 사장님은 이천에서 철물점을 운영하며 4−6월만 집중적으로 사업을 하셨다. 유튜브도 운영하시는데 내가 처음에 배관 설비를 시작하면서 수도 배관 부속을 외우기 위해 참고했던 자료가 바로 그 사장님이 만들어서 올린 것이라는 사실을 알게 되었다. 이렇게 또 인연이 되는 것이 정말 신기했다.

사장님은 사업 컬래버(collaboration)를 제안하셨다. 〈네모난 창〉

이라는 상호로 사업을 진행하고 계셨는데 본인에게 일을 배운 사람들이 집을 짓고 타일 시공을 하고 있으니 〈네모난 집수리〉, 〈네모난 하수구〉까지 만들어서 못하는 게 없는 큰 회사를 만들어 보자고 하셨다. 단순 홈케어가 아닌 홈클리닉으로 큰 회사를 만들어 보자는 것이었다. 그리고 사장님께 일을 배운 사람들에게 하수구 기술을 알려 주고, 나도 방충망을 배워서 여름과 겨울 두 번의 성수기를 보내 보자고 하셨다.

사업을 시작하고 어떻게 하면 회사를 키울 수 있을까 고민했지만 딱히 길이 보이지 않았다. 그런데 이렇게 대표형님을 통해 방충망 사장님을 만나고 뭔가 진행해 볼 수 있게 되었다.

하지만 방충망 사업과 하수구 사업을 병행해서 운영하는 것은 한계가 있어 보였다. 현재 차에는 고압세척기가 탑재되어 있어 아무것도 넣을 수 없을 정도로 꽉 차 있었다. 방충망 관련 자재와 공구들을 도저히 실을 수가 없었다. 방충망 사업은 병행하지 못하지만 〈네모난 창〉과 컬래버를 하는 것에 대해서는 방충망 사장님과 이야기를 더 나누게 되었다.

홈페이지와 블로그, 네이버 스마트 스토어를 동시에 운영하면 인터넷 노출 빈도가 훨씬 높아지고 광고가 잘될 것이라고 마케팅 쪽으로도 정말 많은 것을 알려 주셨다. 블로그 상위 노출 방법까지 상세하게 알려 주셔서 그동안 해 오던 방법을 싹

바꿔서 블로그를 새롭게 단장했다. 그리고 사장님은 교육 사업도 병행하라고 말씀하셨다.

사실 나도 교육 사업을 진행하고 싶었다. 직업학교처럼 일터 학교 같은 것을 만들어서 창업을 도와주고, 일자리를 해결해 주는 일을 해 보고 싶었다.

사장님의 방충망 교육 사업에서 영감을 얻은 나는 지금부터 천천히 교재에 넣을 교육 자료들을 모아 보기로 했다. 그리고 오래전부터 꿈꿔 왔던 책도 써야겠다고 생각했다. 일을 통해 느끼는 생각과 감정을 나눌 수 있는 그런 책을 써 보고 싶었다.

마케팅과 사업 외연을 확장시켜 나가는 것 외에 가지고 있는 장비도 업그레이드했다. 형님이 뉴질랜드로 갈 때 한국의 모든 것을 정리하면서 본인 차에 있는 고압세척기도 싸게 인수하라고 말씀하셨다. 고압 호스와 노즐을 포함하면 1천만 원이 넘지만 500만 원에 넘기겠다고 하셨다. 그리고 배관 관로 탐지에 사용되는 쏜드[5]가 장착된 배관 내시경카메라도 100만 원에 구입하라고 제안하셨다. 500만 원 정도면 인수할 수 있겠다고 생각했는데 딱 그 금액이었다.

뿐만 아니라 대표형님은 하수구 설비 사업의 전문성을 위해 배관 관로 탐지기를 사라고 하셨다. 배관 안에 내시경카메라

5) 배관 관로 탐지 시 전파를 내보내 사고가 난 지점을 정확히 찾을 수 있게 도와주는 장치

와 '쏜드' 라는 장치를 집어넣어서 문제가 있는 부분을 찾아내고, 관로탐지기로 땅 위에서 땅속에 묻혀 있는 지점을 정확히 찾아낼 수 있기 때문이었다. 땅을 파서 배관 공사를 해야 하는 경우가 많은데 이 장비가 있으면 아주 유용하게 굴착 공사를 진행할 수 있었다. 땅 파는 공사를 하면 단가가 높기 때문에 꼭 그 장비를 사라고 하셨다. 약 400만 원 정도 하는 비싼 장비다. 한 번도 사용해 본 적 없고, 형님 없이 이 장비를 사용할 날이 몇 번이나 있을까 걱정이 되었지만 이번에도 형님의 말을 듣고 장비를 구비하기로 했다.

최근에 배관 관로탐지기로 정확히 사고 위치를 찾아내서 공사를 한 적이 있다. 그때의 감격은 이루 말할 수 없었다. 형님의 도움 없이 관로탐지 장비기로 공사를 해낸 내가 얼마나 뿌듯했는지 모른다. 그렇게 장비 구입에만 1천만 원이 들어갔다.

이미 하수구 사업을 하고 계신 분들은 이렇게 장비에 투자하는 것을 부담스러워하신다. 특별히 더 투자하지 않아도 어느 정도의 매출을 올릴 수 있기 때문이다. 하지만 나는 경험적으로 안다. 형님의 말을 듣고 투자를 할 때마다 계속 나의 일이 업그레이드되었다. 재활치료로 돈을 많이 쓰고 수입은 줄어들었지만 기꺼이 사업 확장을 위해 투자를 아끼지 않았다. 이번에도 한걸음 더 앞으로 나아가는 계기가 될 거라 믿어 의심치 않았기 때문이다.

　6년 전 사업을 처음 시작했던 때가 생각났다. 하느냐 마느냐 고민이 많았지만 우여곡절 끝에 일을 시작하게 되었고 통장 잔고가 고작 4백만 원뿐이었지만 2천만 원의 돈을 만들고, 2주 만에 밴 구입, 사업자 등록, 카드단말기, 명함 제작 등 완벽하게 준비가 되어 정신없이 일을 배웠다. 내 생각과 내 의지로 그것을 준비하고 계획했다면 하지 못했을 것이다.

　10개월쯤 지났을 때 창업할 때 빌렸던 1,700만 원의 빚을 모두 갚고, 통장에 800만 원 정도가 남게 되었다. 대표형님이 차를 탑차로 바꾸면 고압세척기를 차에 탑재해 준다고 하셨다. 여전히 일을 잘 모르고 얼떨떨할 때였는데 또 뭔가를 진행한다는 것이 부담스러웠다. 다시 통장 잔고를 0원으로 만드는 것이었다. 하지만 불과 10개월 전에 아무것도 없던 나를 돌아보니 다시 0원이 된다고 해서 큰일이 날 것 같지 않았다.

　일주일 만에 차를 구입하고, 탑을 짰다. 300만 원이나 되는 탑을 형님이 올려 주셨다. 난 40만 원짜리 물탱크만 준비했던 것 같다. 랩핑까지 모든 게 준비되었다. 이것도 나의 계획 가운데 있지 않았다. 어떤 큰 힘에 이끌리듯이 정신을 차려 보니 모든 게 준비되어 있었다.

나의 의지와 생각으로는 절대로
그렇게 진행할 수 없다는 것을 아시고
하나님께서 또다시 나에게
사람을 붙여 주시고 환경을 허락하시나 보다.

그렇게 3년을 일했고, 모두가 놀랄 만한 성과를 올렸다. 하지만 무릎 인대 완파로 모든 게 정지되어 버렸다. '일은 할 수 있을까? 앞으로 내 미래는 어떻게 될까?' 걱정이 되었다. 병원비와 생활비는 늘어만 갔다. 마냥 놀 수가 없었다. 보조기를 차고 작년 4월부터 다시 일을 다니기 시작했다. 회사에서 일을 받지 않았기 때문에 일이 거의 없었고, 아픈 무릎 때문에 간단한 일만 처리하고 왔다. 그래도 병원비와 생활비는 충당할 수 있어서 너무 감사했다.

아픈 중에도 블로그와 스마트 플레이스[6] 마케팅을 시작했다. 완전히 회복된 것은 아니지만 몸도 점점 좋아지고, 가리는 일이 없게 되었다. 지난겨울에는 문의전화가 폭주해서 전화를 받을 수 없을 정도였다. 다치기 전 겨울에 올렸던 최고 매출과 비슷한 매출을 올렸다.

처음에 밴으로 하수구 설비 사업을 시작하고 이후 탑차로 바꾼 과정을 생각해 보면 모든 것이 하나님의 인도하심이었다. 매번 의도치 않게 정신없이 일이 진행되었고, 발전이 있고, 진보가 있었다. 이번에도 그때와 비슷하게 일이 진행되고 있다. 정신없이 뭔가 제안이 들어오고 그것에 몸을 맡기게 된다. 나

---

6) 검색 엔진 포털에 업체를 등록하면 검색하는 사람들이 거리와 관련도 순으로 이용하려는 업체를 쉽게 찾을 수 있도록 도와주는 플랫폼

의 의지와 생각으로는 절대로 그렇게 진행할 수 없다는 것을 아시고 하나님께서 또다시 나에게 사람을 붙여 주시고 환경을 허락하시나 보다. 다음에 또 다른 업그레이드가 있을 때까지 열심히 달리기만 하면 된다. 그때는 무릎도 좋아져서 진짜 잘 달릴 수 있을 것 같다.

이 글이 완성되고 홈페이지가 완성될 때쯤 명함도 새롭게 제작하기로 했다. 지금까지는 스티커 명함만 만들어서 거래처에 뿌리고 다녔는데 이번엔 좋은 재질의 종이로 예쁘게 만들어 보려고 한다. 마침 지인이 특수학교 교사로 있는데 아이들의 직업 훈련의 일환으로 명함이나 생활도구에 점자를 넣는 일을 한다고 한다. 나의 제대로 된 첫 명함을 의미 있게 제작할 수 있도록 기회를 주신 것도 정말 감사하다.

이제 상호를 〈우리 하수구 수중 펌프 변기 뚫음〉에서 〈네모 난 하수구〉로 바꾸고 사업자 등록증도 정정하려고 한다. 종종 하수구는 동그란데 왜 네모난 하수구냐고 물어보신다. 남들과 같지 않게 특이한 이력으로 이끄신 하나님께서 이번에도 아주 특별하게 나와 나의 사업을 인도하시나 보다.

네가 자기의 일에 능숙한 사람을 보았느냐

이러한 사람은 왕 앞에 설 것이요

천한 자 앞에 서지 아니하리라

- 잠언 22:29

하수구
뚫는
법대생

6년 전 사업을 시작하고 얼마 되지 않았을 때 청년부 선배 누나에게 연락이 왔다. 지금 교회에서 매주 토요일 오전에 BAM(Business as mission)[7] 훈련의 일환으로 아둘람 공동체 2기 모임이 진행 중인데 사업도 시작했으니 한번 와 보면 좋겠다고 했다. IBA 콘퍼런스[8]에 참석했던 교회 장로님, 집사님들이 BAM 훈련에 크게 매료되어 콘퍼런스에 강사로 참석했던 KR 컨설팅 이강락 대표님을 강사로 초빙해서 매주 훈련을 받고 싶다고 하여 시작된 모임이었다. 이강락 대표님은 이전에 아둘람 공동체 1기 모임을 시작하여 많은 열매를 맺으셨다고 한다. 그와 같은 열매를 바라며 교회와 외부에서 많은 사람들이 2기 모

---

7) 하나님 나라 확장을 목적으로 사업(business)을 하거나 그와 관련된 일을 하는 모든 활동(cf. business for mission).
8) 비즈니스 현장의 기독교인이 하나님의 부르심에 합당한 삶을 살도록 격려하고, 비즈니스를 통한 하나님 나라의 선교를 일깨우는 선교대회.

임에 참석하고 있었다.

모임에 참석해 보니 참석자 중에서 내가 가장 어렸다. 대부분 40-60대의 목회자, 사업가로 구성되어 있었다. 젊은 친구가 훈련에 참석하는 것을 기특하게 생각하셨는지 모두 나를 예뻐해 주셨고, 그것이 좋아서 더욱 그 모임에 열정적으로 참여했다. 특히 좋았던 것은 오랜만에 책상에 앉아서 강의를 듣고, 책을 읽고, 생각을 나눌 수 있다는 것이었다. 공사 현장만 돌아다니고, 머릿속이 온통 일로만 가득 차 있었는데 공부하는 사람이라는 이미지가 스스로를 만족하게 했고, 감당할 수 없을 정도로 칭찬해 주시는 어른들의 말씀도 너무나 달콤했다.

나는 특별히 비전을 가지고 일을 선택한 것이 아니다. 다른 사람들의 시선 때문에 안 하려고까지 했지만 하나님의 강권적인 인도하심으로 일을 시작하게 되었다. 특별히 선교에 관심이 있는 사람도 아니었다. 단기선교에 몇 번 다녀오기는 했지만 딱히 선교에 헌신하려는 마음도 없었다. 그렇기 때문에 선교로서의 비즈니스를 배우고 실천해 보고자 이곳에 온 것이 아니었다. 일주일 내내 공사현장에 치이며 살다가 주말마다 강의를 들으며 기분전환하는 것이 좋았고, 그곳에서 인정받고 칭찬받는 것이 좋았다.

하루는 아둘람 모임에서 독서 모임이 진행되었다. 하형록 대표님의 『P31』이라는 책을 읽고 감상문을 발표하는 시간이었다. 아직도 기억에 남는 한 문장이 있다. 우리의 비전은 "Doing"이 아니라 "Being"이 되어야 한다고, 우리가 하는 일이 무슨 일인지가 중요한 것이 아니라, 무슨 일이든 그 일을 하는 우리가 어떠해야 하는지가 중요하다고 말씀하신 문장이다. 그것이 거룩함이다. 하형록 대표님은 일로 부르신 하나님께 언제나 거룩함으로 반응하는 것이 우리의 비전이 되어야 한다고 말씀하셨다.

그때 아둘람 1기 모임을 수료하고, 건축과 조명, 공간 대여와 카페를 운영하시는 유영아 대표님이 아둘람 2기 모임에 방문하셨고, 특이한 이력으로 동종 사업을 경영하는 나에게 눈과 마음이 가셨다고 했다. 그렇게 인사를 드리게 되었고, 유 대표님의 사업장이 내가 살고 있는 집과 가까워 혼자 사는 나의 식사도 챙겨 주시고, 자주 교제를 갖게 되었다.

유 대표님은 일과 신앙을 분리하는 이분법을 타파하고, 일과 생활도 거룩한 예배라는 기치를 들고 변화를 이끌고 계신 분이었다. 그 일환으로 사단법인 일터개발원을 통해 일터 사역 훈련을 진행하고 계셨다. 여러 훈련과 강의가 있을 때마다 거기에 동참하길 원하셨고, 최근에는 일터 MBA[9]까지 마칠 수 있었다. 유 대표님은 10여 년 동안 고시공부를 하다가 건설 현장에

---

9) 사단법인 일터개발원에서 주최한 크리스천 경영자를 위한 일터 MBA. 2021. 8. 28 - 10. 9.

서 일하는 내가 일터 사역을 이해하고 그 운동에 함께하길 원하셨다. 나의 특이한 이력이 한국 사회와 청년들에게 메시지가 될 수 있을 것이라고 격려도 해 주셨다.

유 대표님의 격려와 별도의 훈련과 학습을 통해 일과 신앙을 분리했던 지난날을 되돌아보게 되었다. 끔찍한 교통사고를 통한 깨달음이 없었다면 나에게 일은 여전히 괴롭고 부끄러운 것이었을 것이다. 그런데 이제는 나의 일이 예배가 되었고, 나는 매일 예배를 드리는 사람이 되었다. 일이 재미있고, 일을 통해 하나님을 만나고, 일 자체를 통해 하나님께 영광을 올려 드리는 예배자가 된 것이다. 하나님은 나를 일터로 보내셨다. 그 일을 통해 이 땅에서 하나님 나라를 이루길 원하신다. 그래서 나에게 이 일을 맡기신 것이다. 이 일을 맡기신 분은 바로 하나님이시다.

그곳에서 들은 모든 강의가 완전히 이해되고, 동의되는 것은 아니었다. 거기서는 청년 실업 문제의 해결 방안으로 소명의식[10]을 이야기했다. 교과서적으로는 너무 옳고 좋은 이야기다. 소명의식을 갖는다면 청년들의 실업 문제가 해결될 것 같아 보인다.

---

10) calling. 원래 종교적 개념으로, 신의 부름을 받은 일이라는 뜻으로 사용되었으나 차츰 일반화되어 개인적, 사회적으로 의미 있는 일을 발견하여 그것에 헌신하는 것을 지칭하는 용어로 발전했다. 크리스천의 소명으로는 구원으로의 부르심이라는 1차 소명과 직업으로의 부르심이라는 2차 소명이 있다.

하지만 실제로 이 땅에서 소명의식에 맞는 일을 자유롭게 선택할 수 있느냐가 의문이다. 소명이라는 것에는 개인의 욕심과 야망이 투영되기 때문에, 과연 직업을 선택할 때 온전히 하나님의 부르심을 따르는 것이 현실적으로 가능할지 잘 모르겠다.

나와 같은 경우도 특별한 소명의식을 가지고 지금의 직업을 선택한 것이 아니다. 어쩌면 그러한 소명의식이 없어서 35세의 늦은 나이까지 직업을 선택하지 못했던 것인지 모른다. 그때는 분명 고시공부에 소명이 있다고 여겼다.

그런 생각을 가지고 오랜 시간 공부하면서 몸과 마음이 무너지는 과정이 있었기 때문에 지금의 직업을 선택할 수 있는 용기가 생긴 것이라고 생각하면 그 과정 자체도 하나님의 소명이었을 것 같다. 하지만 그것은 교과서에서 말하는 소명과는 거리가 느껴진다.

하나님께서 이 일로 특별히 나를 부르셨다는 소명의식을 가지고 이 직업을 선택한 것은 아니지만, 지금의 직업은 분명 나에게 소명이 되었다. 지금까지 내가 경험하고 생각한 모든 과정을 통해 하나님이 이 일터로 나를 부르셨다는 확실한 소명이 생겼다.

이렇게 보면 반드시 소명의식이 우선해야 하는 것도 아닌 것 같다. 강의의 취지는 이해가 된다. 일의 귀천을 따지지 않고, 연

소명의식을 가지고
이 직업을 선택한 것은 아니지만,
지금의 직업은 분명 나에게 소명이 되었다.

봉과 인정을 우선시하지 않고, 소명의식에 맞는 일이라면 선택해 나아가야 한다는 의미였을 것이다. 주저하며 이도 저도 아닌 상황이 되는 것을 염려하는 것 같다.

이런 현상은 믿음이 좋은 크리스천 청년들에게 더 많이 나타나는 것 같다. 기도도 많이 하고, 하나님의 뜻을 구한다. 하나님께서 확신을 주시는 직업을 선택하느라 지나치게 신중하다. 그러다가 기회가 사라지고, 나이는 들어 가고, 더 실력 있는 후배 경쟁자들은 늘어만 간다. 예전에는 그러다가 결국 신학을 하는 분들이 많았던 것 같다. 요즘에는 많은 청년들이 공시족으로 괴로운 시간을 보내고 있다. 남의 이야기가 아니다. 내가 그랬다.

김정태 작가의 『스토리가 스펙을 이긴다』라는 책이 있다. 우리의 청년 시절을 하나님의 스토리로 채워 나가길 바란다. 하나님의 스토리로 우리 삶을 가득 채워 나갈 때 세상의 스펙을 이기는 강력한 무기가 될 것이다.

전통적인 교회의 어른들이 들으시면 반가워하지 않을 이야기일 수 있지만 이분법적 사고로 행동했던 예화를 하나 소개해 보겠다.

주일에 예배당에서 예배를 드리는 주일 성수는 크리스천들에게 정체성과도 같은 것이다.

옛날 어른들은 주일에는 돈도 쓰지 않았다고 한다. 그것의 옳고 그름을 논하기보다는 그 정도로 주일 성수는 크리스천들에게 중요하다는 것을 이야기하고 싶다. 그렇게 교육을 받고 자라 온 나도 본격적으로 신앙생활을 하면서 단 한 번도 주일예배를 빼 먹은 적이 없는 것 같다.

일요일에 열리는 농구 대회에 참석을 못하는 게 너무 아쉬웠다. 그리고 지금은 토요일에도 토익 시험을 응시할 수 있지만 예전에는 일요일에만 토익 시험이 있었다. 사법시험에 응시하려면 토익 시험 점수가 반드시 필요했다. 그래서 나는 최대한 현장 예배에 참석하기 위해 아침에 무리가 되더라도 교회와 가장 가까운 고사장에서 시험을 보고 끝나자마자 예배에 참석했다. 일을 시작하고 난 뒤에도 철저하게 주일은 온전히 쉬며 예배에 참석했다. 주일 성수 목적도 있었지만, 일주일 중 하루만은 온전히 쉬고 싶었기 때문이기도 했다.

그런데 코로나로 비대면 예배가 일상이 되었다. 교회의 문이 닫히고 영상으로 예배를 드릴 수밖에 없게 되었다. 교회에 왔다 갔다 하는 시간이 없어지고, 소그룹 모임도 없어지다 보니 주일에 많은 여유 시간이 생기게 되었다. 교통사고가 나서 회사에 들어가지 못하자 거래처 일이 줄어들었고, 코로나로 일감이 더욱 줄어들었다. 그래서 비대면 예배 외의 시간에는 주일에도 일을 다녀와야겠다는 생각을 했다. 주일이라고 딱히 더 쉬고 싶은 마음보다는 당장의 매출이 급했다. 병원비와 생활비를 충당해야 했다.

그렇게 두 번 정도 주일에 일을 다녀왔다. 그런데 그때마다 일이 까다롭게 해결되고, 실패하는 경우가 생겼다. 그때 들었던 마음은 '하나님, 죄송합니다.'였다. 그래서 '제가 주일은 온전히 쉬며 예배를 드려야 하는데 돈을 벌겠다고 나와서 일이 이렇게 안되나 봅니다. 다음부터는 절대로 주일에 일을 하지 않겠습니다. 온전히 거룩하게 예배만 드리고 나머지 시간은 쉬겠습니다.'라고 기도를 드렸다.

그런데 일터 사역 훈련을 진행하면서 생각의 전환이 찾아왔다. 나의 일도 예배이고, 일하는 것 자체가 하나님을 기쁘시게 하는 예배라면, 왜 주일에 일을 하면 안 된다는 것인가? 일터에서 드리는 또 다른 형태의 예배가 될 텐데 말이다.

물론 그렇다고 해서 공예배가 중요하지 않다는 것이 아니다. 일터의 예배가 중요한 만큼 공예배도 중요하다. 무엇보다 많은 성도가 한날 한곳에 모여 동시에 하나님을 높여 드리는 것은 하나님께서 정말로 기뻐 받으시는 예배임이 분명하다. 다만 지금까지 일터에서 일로 드리는 예배의 개념조차 없었고, 무시되어 온 것을 이야기하고 싶을 뿐이다.

주일에 다녀오는 일이 나쁜 것이 아니다. 주일에 일을 다녀왔기 때문에 일이 잘 풀리지 않고, 사고가 발생한 것이 아니다. 그것이 진정한 마음으로 드리는 예배였다면 말이다. 그래서 결단했다. 비대면이든 현장 예배든 공예배 시간을 지키는 데 지장이 없는 한 일을 다녀와야겠다고 마음먹게 되었다. 주일에 일을 하더라도 공예배는 반드시 지켜야 한다.

하나님의 보내심으로 나는 그곳에서 또 하나의 예배를 드리게 될 것이고, 일터에서 만물이 회복되는 역사를 보게 될 것이다. 예수 그리스도의 죽음과 부활은 단순히 인간의 영혼에만 한정되지 않았다고 한다. 예수님이 다시 오실 때 만물이 회복되는 역사가 있을 것이라고 한다. 실제로 나는 고장 난 것을 고치고, 막힌 것을 뚫었을 때, 만물의 질서가 회복되는 하나님 나라를 즉각적으로 확인할 수 있었다. 그런 현장에 참여하게 하신 것에 감사할 뿐이다.

훈련을 받고, 이러한 생각들을 정리하면서 나는 수준 높은 신앙인이 되고, 인격을 갖춘 사람이 되었을까?

확실히 아니라고 말할 수 있을 것 같다. 아직은 많이 미숙하고 연약한 존재이다. 다만 그 가치를 끊임없이 추구하고, 삶 가운데 이루기 위해 부단히 노력할 뿐이다. 넘어지고 실패할지라도 꾸준히 그 가치를 향해 달려가고 싶다. 예수 그리스도의 죽으심과 부활의 생명이 나로 하여금 그렇게 할 수 있게 하셨다.

오직 여호와를 앙망하는 자는 새 힘을 얻으리니 독수리가 날개치며 올라감 같을 것이요 달음박질하여도 곤비하지 아니하겠고 걸어가도 피곤하지 아니하리로다(이사야 40:31).

하수구
뚫는
법대생

13
예배 받기 원하시는
하나님

어느 날 전화가 왔다. 3층 변기의 물이 안 내려간다고 했다. 307호에서 물이 안 내려가서 어제 방문했는데 변기가 막힌 게 아니고, 바닥 배관이 막힌 것이었다. 비용이 많이 나오니 세입자가 건물주와 상의해 본다고 했다. 몇 시간 뒤 건물주에게 전화가 왔다. 옆 라인도 막혔을지 모르니 확인해 보라고 했는데 그렇다고 했다. 복도를 사이에 두고 두 라인이 있는데 오른쪽 라인 306, 307, 308, 309호가 모두 막힌 것이었다. 처음에는 307호에서 연락이 왔지만 6호나 9호, 라인 끝에서 작업을 해야 할 것 같았다.

건물주는 나에게 307호의 책임이 크다고 말해 달라고 했다.

6, 7, 8, 9호가 공동 책임인 것은 확실하지만 누구의 책임이 큰 지는 모른다. 비용을 307호에게 부담시키려는 것 같았다. 307 호에 가 보니 아주머니 한 분이 아파서 누워 있는 동생과 둘이 힘들게 사시는 것 같았다. 그곳과 거래가 끊기는 한이 있더라도 솔직하게 이야기해야 할 것 같았다. 어쨌든 어떻게 작업을 할 까 구상하다가 3층에서 2층으로 내려가는 배관과 가까운 309 호에서 작업을 하기로 결정하고, 다음 날 아침에 방문했다.

변기를 뜯고 스프링을 집어넣었다 뺐는데 물티슈가 한 움큼 딸려 올라왔다. 그런데도 배관에 물티슈가 더 남아 있는지 물 이 완전히 빠지지 않았다. 이런 경우 스프링을 한 번 더 넣으면 깨끗이 뚫렸다. 그런데 이상하게도 꼼짝을 하지 않았다. 스프 링을 25미터까지 넣었는데도 꼼짝하지 않았다. 세 번이나 반복 했는데도 마찬가지였다. 허리가 끊어질 것 같았다. 내시경카메 라와 석션[11]을 총동원해 봤지만 원인을 알 수 없었다. 고압세척 기를 제외한 하수구 통수 장비가 모두 출동했다. 그래도 안 됐 다. 혹시나 하는 마음에 306호로 가서 변기를 뜯고 똑같은 작 업을 되풀이했다. 역시 꿈쩍도 하지 않았다. 시간은 오후 4시가 다 되었고, 허기가 지고, 당도 떨어지는 것 같았다. 내가 할 수 있는 방법을 다 동원해 봤다. 아래층 천장 배관도 몇 번을 확인

11) 업소용 건·습식 청소기로 물과 먼지를 모두 빨아들이는 공구.

했다. 그런데도 안 됐다.

'주님, 지금의 이 일도 주님이 기쁘게 받으신 예배였죠?'

일을 접어야겠다고 생각하며 주님께 물었다.

'하나님이 받으신 예배였으면 됩니다.' 하고, 바닥을 보며 기도했다.

고개를 들어 배관을 보면서 기적적으로 물이 빠져 있지 않을까 기대했지만 그대로였다. 철수를 해야겠다고 생각하고 바닥에 물을 뿌리며 청소를 하는데 갑자기 물 빠지는 소리가 들렸다. 내가 뿌리는 물소리일 거라고 생각했는데 변기 배관에서 물이 슬슬 빠져나가기 시작했다. 작업을 다 끝낼 때까지 꿈쩍도 안 했는데 철수하려고 정리하는데 물이 빠져나갔다. 이런 경우에는 작은 구멍만 내고 물이 빠져나갔을 수 있다. 그러면 금방 다시 막혔다. 그래서 그대로 정리하지 않고, 배관 내시경카메라로 내부를 확인했다. 거짓말처럼 너무 깨끗했다.

'포기하고 가려는 순간에 주님이 직접 뚫으셨나 보다. 오늘 나의 일을 예배로 받으셨나 보다. 할렐루야!'

이 신기한 경험에 가슴이 요동쳤다. 일터 사역 훈련에서 일도 예배라고 배웠는데 진짜 일도 예배가 맞는 것 같았다. 오늘 일은 하나님이 기쁘게 받으신 예배였다. 건물의 막힌 곳을 뚫어주고 질서를 회복하시는 일에 동참했다. '진짜' 예배였다.

또 다른 현장에서의 일이다. 오후 4시쯤 전화가 왔다. 하수구가 막혀서 물이 역류하는데 동네에서 나이 드신 분이 아침부터 와서 땅만 다 파 놓고 결국 해결하지 못하고 가셨다고 했다. 동네에서 소일거리로 하시는 분들은 배관 내시경카메라나 고압세척기 같은 특수장비까지는 가지고 다니지 않으셔서 못 뚫는 경우가 종종 있다. 그게 아니라면 나 역시 고생만 하고 해결하지 못할 수도 있었다.

퇴근 시간이어서 차가 막힐 것 같아 빠르게 현장으로 이동했다. 현장에 도착하자 정화조 옆에 배관이 하나 보였고 거의 1미터 정도 땅이 패여 있었다. 거기에서 스프링을 30미터까지 집어넣었는데도 뚫리지 않았다고 했다. 아침부터 지금까지 일은 못 하고 짜증만 잔뜩 부리고 갔다고 했다. 어쨌든 작업을 위해 상태를 물어보니 위층에서 물을 쓰면 지층 세대 화장실 바닥에서 물이 역류한다고 했다. 땅을 파 놓은 배관을 보니 건물 뒤쪽으로 돌아가는 것이 보였다. 그쪽 방향으로 배관이 진행되는 것이라면 지층 화장실에서 작업을 하는 게 훨씬 빠를 것 같았다. 수년 전에도 이곳에서 뚫은 적이 있다고 했다.

먼저 16밀리미터 얇은 스프링으로 20미터까지 집어넣었다. 20미터가 거의 되었을 때 끽끽거리며 스프링이 말리면서 잘 들어가지 않았다. 그러다가 스프링이 말리면 못 빼내서 땅을 파야 하는 대공사를 해야 할 수도 있었다. 기름덩이가 워낙 단단해서 스프링이 못 뚫나 싶어서 22밀리미터 두꺼운 스프링으로 다시 작업을 해 보기로 했다. 10미터가 조금 지나자 들어갈 생각을 안 했다. 스프링을 빼 보니 마대 자루 합성섬유 같은 것이 잔뜩 말려 나왔다. 그래도 물이 빠져나갈 기미가 보이지 않았다. 이미 이곳에서 진을 다 뺐지만 혹시 몰라 땅을 파 놓은 바깥으로 나가서 추가 작업을 해 보기로 했다.

어느덧 어둑어둑 해가 지기 시작해서 손전등을 켰다. 눈에 보이는 100밀리미터 큰 배관을 바로 작업할까 하다가 먼저 배관 내시경카메라로 내부를 확인했다. 그 배관은 양변기 오물이 내려가는 정화조 배관이었다.

'도대체 하수 배관은 어디에 있는 걸까? 예전에도 이곳에서 뚫은 적이 있다는데 어떻게 한 걸까?'

그때 마침 방에 계시던 할머니가 나오시더니, 아침에 땅을 판 분이 하수 배관을 벽돌로 막아 놓았다고 나에게 일러 주라고 하셨다고 했다.

'그걸 왜 이제야 말씀해 주실까!'

하지만 아무리 찾아봐도 벽돌이 보이지 않았다. 밑바닥을 더 파 보니 벽돌이 나오고 그 아래 작은 배관이 보였다. 배관이 깊은 곳에 있어서 배를 땅바닥에 깔고 누워서 흙을 퍼냈다. 옷이

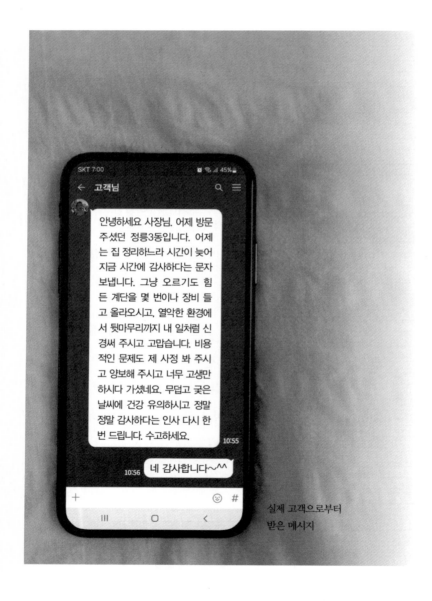

안녕하세요 사장님. 어제 방문 주셨던 정릉3동입니다. 어제는 집 정리하느라 시간이 늦어 지금 시간에 감사하다는 문자 보냅니다. 그냥 오르기도 힘든 계단을 몇 번이나 장비 들고 올라오시고, 열악한 환경에서 뒷마무리까지 내 일처럼 신경써 주시고 고맙습니다. 비용적인 문제도 제 사정 봐 주시고 양보해 주시고 너무 고생만 하시다 가셨네요. 무덥고 궂은 날씨에 건강 유의하시고 정말 정말 감사하다는 인사 다시 한 번 드립니다. 수고하세요.

10:55

네 감사합니다~^^

10:56

실제 고객으로부터
받은 메시지

온통 흙으로 물들어 버렸다. 오전에 오신 분이 배관에 구멍을 뚫어 놓으셨는데 이곳에서 스프링을 30미터까지 집어넣었다고 했다.

'참 이상하다. 이곳에서 시 하수도까지 10미터도 안 되어 보이는데….'

100밀리미터 배관이라서 바로 22밀리미터 두꺼운 스프링을 넣고 시 하수도 방향으로 통수 작업을 시작했다. 스프링은 쑥쑥 잘 들어갔지만 물이 빠질 기미가 보이지 않았다. 스프링을 빼내고 배관 내시경카메라를 넣어 보기로 했다. 그랬더니 구멍을 뚫어 놓은 이곳에만 물이 고여 있고 양옆 좌우로 조금 더 진행을 해 보니 배관이 텅 비어 있었다. 이곳에 물이 고여 있는 것은 기름덩이로 막힌 것이 아니라 오전에 땅을 파면서 흙이 들어가 이곳만 배관에 물이 잠겨 있는 것이었다. 이곳 배관 양옆으로 물이 없는데 지층 화장실 바닥에서는 아직도 물이 빠지지 않고 고여 있었다. 그렇다면 시 하수 쪽이 아닌 건물 안쪽 어딘가에서 배관이 막혀 있는 것 같았다. 바로 스프링을 집어넣었는데 스프링이 들어가지 않았다. 바로 앞에 90도로 꺾이는 엘보(elbow) 부속이 있는데 거기를 통과하지 못하고 있었다.

희한했다. 아무리 바닥에 누워서 있는 힘을 다해 집어넣어도 들어가지 않았다. 그때 힘을 너무 많이 주었는지 흙이 튀어서 눈에 들어가 수돗가에서 바로 씻어 내었는데도 눈이 계속 얼얼했다.

이쯤 되니 진이 빠지고 빨리 철수하고 싶어졌다. 날은 더 어두워져 작업이 두 배로 힘이 들었다.

하지만 못하겠다고 이대로 갈 수도 없는 노릇이었다. 지층 화장실에서 작업을 한 후 그나마 어느 정도 내려가던 하수구가 완전히 꽉 막혀서 전혀 내려가지 않았기 때문이다. 성공하지 못해서 출장비를 못 받는 건 차치하고 오히려 더 꽉 막혔다고 배상을 해 줘야 할 상황이었다.

할 수 있는 모든 것을 다 해 보았다. 정말 최선을 다했는데도 해결이 되지 않았다. 마무리하기 전에 하나님께 기도를 드렸다.

'주님, 진짜 할 수 있는 거 다 해 봤는데 꿈쩍을 하지 않네요. 그런데 오늘 여기 와서 애쓴 거 주님이 예배로 받아 주신다면 그것으로 됐습니다. 꼭 예배로 받아 주세요. 얇은 스프링으로 한 번만 더 해 보고 안 되면 마무리하겠습니다.'

16밀리미터 얇은 스프링을 건물 안쪽으로 집어넣었는데 다행히 엘보는 지나갔다. 그렇게 10미터 정도 들어갔을 때 갑자기 물이 쏟아져 나오기 시작했다.

'뚫렸나 보다. 주님이 또 뚫어 주셨나 보다. 오늘 작업도 예배로 받아 주셨나 보다.'

지층 화장실로 내려가 보았다. 바닥의 물이 다 빠져 있었다. 양동이에 물을 가득 담아서 흘려 보았는데도 물이 시원하게 잘 빠져나갔다. 스프링 작업을 두세 번 반복하고 마무리하기 전에 집주인에게 한 가지 제안을 했다.

"사모님, 원래 여기 구멍 뚫린 곳은 물이 고여 있지 않아야 하는데 오전에 땅을 파면서 이곳에 흙이 잔뜩 들어가서 배관에 물이 고인 것 같습니다. 그런데 이렇게 마무리를 하면 오늘 막혔던 곳이 아니라 이곳에서 금방 또 기름 찌꺼기가 쌓여서 막히게 될 거예요. 배관을 잘라서 석션으로 다 빨아내고, 이곳에 소제구를 하나 만들어 놓으면 좋을 것 같아요. 그래야 다음에 막혔을 때는 더 이상 땅을 파지 않고 간단하게 통수 작업을 할 수 있을 것 같습니다."

"아, 그렇게 하면 좋을 것 같네요. 그런데 지금까지 오신 분들은 왜 소제구 만들자는 이야기를 한 번도 안 하셨을까요?"

"글쎄요, 올 때마다 땅을 파는 공사를 하면 비용을 많이 받을 수 있어서 그랬던 게 아닐까요? 어쩌면 소제구 작업을 하는 게 귀찮아서 그냥 마무리를 하셨을 수도 있고요."

작업이 끝날 때는 이미 저녁 8시가 다 되어 가고 있었다. 너무 어둡고 힘도 들어서 다음 날 오전에 와서 석션 작업과 소제구 공사까지 해 드리기로 하고 현장을 마무리했다.

우연이라고 말할 수도 있겠지만 이런 일이 두 번이나 일어났다. 아마도 하나님은 나에게 확실하게 다시 한 번 이야기하고 싶으셨던 것 같다.

"나는 예배 받기 원하는 하나님이다."

맞다. 하나님은 나에게 예배를 받고 싶어 하신다. 예배당에서 드리는 공예배뿐만 아니라 일상과 일터에서도 예배자로 부르시고, 예배하라고 하신다.

질서의 하나님은 건축물의 제 기능을 회복하시고, 나를 예배자로 높여 주시며, 추가 공사를 허락하셔서 더 많은 축복을 부어 주셨다. 나의 일이지만 하나님의 일이었고, 하나님의 일을 내가 한 것이었다.

그분은 악덕 사업주처럼 일만 시키시는 게 아니라 예배자라고, 존귀하다고 하시며 나에게 복에 복을 더하신다. 하나님은 그런 분이다. 일을 통해 하나님은 그런 분이라고 나에게 말씀하고 계셨다.

일에는 존엄성이 깃들어 있다.
일에는 왕업으로서의 위엄이 깃들어 있다.
거룩한 소명으로서의 일을 회복하는 것은
우리 그리스도인들에게 맡겨진 주된 임무다.
- 유진 피터슨

하수구
뚫는
법대생

나는 해 보고 싶은 것이 많다. 돈을 많이 벌어서 내 집을 마련하고 싶고, 멋진 차를 갖고, 안정적인 삶을 살아 보고 싶다. 구제와 섬김에도 아낌없이 돈을 써 보고 싶다. 하지만 그런 일들이 현실이 되었을 때 교만하지 않고, 인정받고 싶은 욕구에 취하지 않고, 겸손한 마음으로 살아 낼 수 있을지 의문이다. 그렇게 되기를 소망하지만 인간의 죄성은 그리 만만하지 않다는 것을 잘 알고 있다.

수없이 무너진 많은 믿음의 선배들을 보았기에 나는 다를 것이라고 자신 있게 말할 수 없을 것 같다. 다만 그렇게 살기를 바라며 계속 기도하고 훈련할 뿐이다.

직원들을 고용하는 규모 있는 사업도 해 보고 싶다. 지금은 혼자 일하는 1인 사업자다. 내 가정이 살기에는 충분한 매출을 올리고 있고, 편하게 일을 하는데 뭐하러 굳이 골치 아프게 직원들을 두려고 하느냐고 조언해 주시는 분들도 있다. 안다. 분명 머리 아프고 스트레스 받는 일들이 많을 것이다. 그런데도 왜 자꾸 그런 마음이 드는지 내 마음을 찬찬히 들여다보았다.

어떤 사람의 경제적 자립을 돕고 그 가정의 구성원들까지 사회의 일원으로 떳떳하고 당당하게 살아갈 수 있게 돕는 멋진 일이 될 것 같았다. 지금 내가 하고 있는 '일'로 할 수 있는 최고의 멋진 일이 되지 않을까 생각해 본다.

나는 오랫동안 취업으로 고민하고 고통스러운 시간을 보냈다. 주위에서 온갖 좋은 미사여구로 그 시간을 위로해 주었지만 당사자에겐 잠깐의 위로로 끝나거나 오히려 더 비참한 마음이 들게 하기도 한다.

물질로 자존감이 세워지는 것은 아니지만 물질이 없을 때 자존감이 낮아지게 되는 경우를 흔히 볼 수 있다. 정도의 차이는 있겠지만 사람을 만나는 것도 제한을 받게 되고, 자꾸 위축이 된다. 한두 번도 아니고 만날 때마다 듣는 위로는 오히려 스트레스가 된다. 밥을 얻어먹는 것도 한두 번이지 눈치를 보고 자연스럽게 빠지게 된다.

경조사 참여는 어떠한가? 장례식장은 그래도 어떻게든 빠지지 않고 참석했지만 결혼식장에 가는 것은 부담이었다. 얼굴 보고 축하해 주고 싶지만 축의금이 없었다. 축의금을 내는 곳에서 용감하게 식권만 받아 오거나 그냥 집에 돌아간 경우도 많다. 사정을 아는 친구가 현장에서 내 축의금 봉투를 만들어서 내 주기도 했지만 그런 일이 반복될수록 결혼식장에 가는 것이 부담스러웠다. 그때 문득 혹시라도 내 결혼식에 나와 같은 마음을 갖고 있는 친구들이 있다면 너무 마음이 아플 것 같다는 생각이 들었다. 그런 거에 상관없이 그냥 와서 축하만 해 주어도 고마울 것 같았다.

그런 정신 승리를 스스로 해 가면서 결혼식에 꾸역꾸역 나가기는 했지만 10년의 시간 동안 나는 종종 결혼식장으로 향하는 발걸음을 주저하게 되었다. 그래서 사랑하고 좋아하는 지인들의 결혼식에 많이 참석하지 못했다. 공부해야 한다는 좋은 핑계가 있었지만 아마도 내 속내는 누구도 알지 못했을 것이다. 미안한 것이 많아서 내 결혼식에 축하해 주러 오는 사람들에 대한 기대가 별로 없었는데도 많은 분이 찾아와 주시고 축하해 주셔서 몸 둘 바를 모르게 감사했다.

오랜 시간의 취업 문제는 국가의 문제도 어느 누구의 문제도 아닌 바로 나의 문제였다. 그런 부분에 내가 지금 하고 있는 '일'

로 도움을 주고, 도움을 받을 수 있다면, 그분들과 '일 공동체'로 하나가 될 수 있다면 더없이 행복한 삶이 될 것 같다.

이 땅에는 출근하는 많은 사람들이 있다. 일을 직업(job)이 아닌 사역(work)의 개념으로 확장할 때 공부하는 학생들, 군 복무 중인 군인들, 가정주부들 모두 일터로 출근하는 사람들이다.

거의 대부분의 사람들이 하루 중 일터에서 보내는 시간이 압도적으로 많다. 그곳에서의 시간들이 행복한가? 주위의 많은 사람들이 출근을 무서워하고, 직장에서 보내는 시간을 괴로워하는 것을 볼 수 있다.

감사하게도 나는 일이 재미있다. 일터로 향하는 시간이 즐겁고 행복하다. 하루에도 몇 번의 성취감을 맛볼 수 있고, 거의 매일 하나님과 함께하는, 하나님이 도와주시는 간증거리가 넘쳐 난다. 일터에서 만나는 하나님이 나는 정말 좋다. 이 모든 것이 비즈니스 선교 훈련과 일터 사역 훈련을 통해 가능할 수 있었다. 일을 통한 예배가 아니라 일 자체가 예배라는 것을 배우고 난 후, 일터에서의 나의 마음가짐과 일을 대하는 자세가 완전히 달라졌다. 일을 사랑하게 되고, 일을 소중하게 여기고, 무너진 질서를 회복하시는 하나님의 일하심에 동참하게 되는 것에 무한 감사를 느끼게 되었다.

이것을 아주 잘 설명하는 유진 피터슨 목사님의 글을 소개하겠다.

내가 목사로서 모든 힘을 다했던 것은 사람들에게 하나님을 경험하고 예수님께 순종하며 성령을 받는 영성 생활의 일차적 환경은 바로 일의 세계라는 사실을 말하고 보여 주는 것이었다. 나는 모든 진정한 일을 나타내는 말로 왕업(王業), 즉 왕의 일이라는 단어를 사용하고 싶다. 이 단어를 사용하는 이유는 일 자체가 가지는 존엄성에 대해 주의를 환기시키고, 우리의 일이란 본디 하나님의 일과 같은 종류의 일이라는 점을 강조하기 위해서다. 모든 참된 일, 모든 진정한 일은 왕업에 포함된다.

또 나는 진짜 일과 가짜 일을 구분하기 위해 이 단어를 사용한다. 인간을 파괴하고 기만하는 일은 가짜 일이다. 일이란, 일을 통해 자신의 주권을 표현하시는 주권자 하나님에게서 비롯된 것이며 그 하나님을 나타내는 활동이다. 하나님의 주권은 추상적인 것이 아니다. 하나님의 주권은 일하는 주권이며 일을 통해 표현되는 주권이다. 주권자이신 하나님이 일하시니 우리도 일한다. 우리는 이러한 상관관계를 일터에서 인식해야 한다. 왕업은 본질적인 일로서 주권을 나타낸다. 일에는 존엄성이 깃들어 있다. 일에는 왕업으로서의 위엄이 깃들어 있다. 거룩한 소명으로서의 일을 회복하는 것은 우리 그리스도인들에게 맡겨진 주된 임무다. 모든 그리스도인의 직업은 거룩한 직분이다.

모든 진정한 일에는 섬김과 통치라는 두 요소가 하나로 결합되어 있다. 우리가 왕으로 경배하는 예수님도 인생의 대부분을 목수 일을 하며 보내셨다. 다윗은 종인 동시에 왕이었다. 사울의 궁정에서 다윗은 왕을 섬기는 왕이었던 것이다. 통치는 우리가 하는 일의 내용이며, 섬김은 우리가 그 일을 하는 방식이다. 모든 선한 일은 참된 주권적 통치의 발현이다. 그리고 그 주권을 가장 바르게 행사할 수 있는 길은 바로 섬김이다. 좋은 일을 맡았다고 해서 좋은 일을 하게 되지는 않는다. 우리가 맡은 옳은 역할이 우리가 옳다는 것을 보장해 주지는 못한다. 사울과 다윗은 둘 다 하나님의 영으로 기름부음 받아 왕으로의 정체성을 부여받았다. 그들은 둘 다 좋은 일을 맡았다. 그러나 좋은 일을 맡았다는 것이 곧 좋은 일을 하게 된다는 뜻은 아니다. 똑같은 일을 수행하는 데 사울은 실패했고, 다윗은 성공했다. 직업은 중요하다. 일은 중요하다. 하지만 이 세상에 일 자체만으로 하나님의 목적을 완벽하게 이루는 경우는 하나도 없다. 소명을 따라 사는 삶의 열쇠, 즉 하나님의 부르심을 받고 성령의 기름부음을 받아 사는 삶의 열쇠는 어떤 직업이나 일을 맡았느냐가 아니라 어떤 환경에 있든지 우리가 그 일을 왕업으로 행하느냐이다.

왜 우리는 처음 만난 사람에게 먼저 직업을 묻는가? "무슨 일을 하십니까?" 이는 우리가 서로를 알고자 할 때 늘 던지는 질문이다. 그 이유는 이렇다. 직장, 직업, 하는 일 등은 두 가지 역할을 하기 때문이다. 우선 우리가 하는 일은 우리 자신의 본질을 드러내 준다. 즉 우리의 가치관을 표현해 주고, 우리의 도덕관을 드러내며, 하나님의 형상대로 창조된 인간다운 삶이 무엇인지에 관해 우리가 어떤 신념을 갖고 있는지 보여 준다. 그러나 반대로 일은 우리의 진정한 정체성을 감추는 역할을 하기도 한다. 일은 우리가 다른 사람들이 우리에게서 보고 우리에 대해 믿기를 바라는 무언가를, 그러나 실제로 우리가 그렇게 되는 데 관심도 없는 무언가를 선전하는 간판으로 사용될 수 있다. 우리들 대부분에게 직업은 이러한 두 가지 역할을 동시에 한다. 즉 드러내기, 표현하기와 감추기, 위장하기와 같은 역할을 동시에 하고 있다. 우리는 상대를 알고자 할 때 그의 직업이 진정한 그 자신을 숨기는 역할을 하는지, 아니면 그를 정직하게 표현하는 역할을 하는지 알고 싶어 한다.

다윗이 왕으로서 했던 첫 번째 일은 음악 연주를 통해 혼돈에 빠진 사울의 정신과 감정에 다시 하나님의 질서를 세우려고 시도하는 것이었다. 혼돈 가운데 질서를 세우는 일이야말로 왕업의 기초다. 이것이 중요하다. 혼돈 가운데 질서를 세우는 일. 지금 전 세계에서 이보다 더 중요한 일이 어디 있겠는가. 왕업을 하는 이들이 갖는 가장 기본적인 경험은 아마 음악일 것이다. 음악, 즉 리듬과 화음과 조화를 만들어 내는 일은 모든 일의 핵심이다. 왕업을 행하는 사람들은 어떤 직업에 종사하든지 휘파람을 불며 일한다.

자기의 일을 사랑하고, 일터로 향하는 것을 즐거워하는 사람들로 가득 찬 사회가 되면 좋겠다. 적어도 일터로 향하는 것을 괴로워하지는 않으면 좋겠다. 오늘은 무슨 일이 기다리고 있을까? 기대와 소망으로 가득 찬 출근길이 되면 좋겠다. 모두가 그런 일을 만나면 좋겠다. 일을 괴로워하는, 신앙생활을 하지 않는 사람들에게도 이것이 도움이 될 수 있으면 좋겠다. 적어도 일을 괴로워하는 크리스천들은 없으면 좋겠다. 이 모든 것이 '왕업'에 대한 인식으로 가능하지 않을까 생각해 본다.

하루는 추운 겨울에 물을 틀어 놓지 않아서 온 건물이 꽁꽁 얼어 버린 현장에 방문했다. 건물주에게 연락을 받고 출동했다.

천호동에 있는, 그리 오래되지 않은 상가건물이었다. 1층에는 족발집이 있고, 5층은 사무실이 들어와 있고, 2, 3, 4층은 공실이었다. 1층은 계량기를 따로 쓰고 있었고, 물을 틀어 놓아서 물이 잘 나오고 있었지만, 2층 위로는 모두 꽁꽁 얼어 있었다.

5층 사무실에서만 물을 잘 틀어 놓았어도 5층까지 올라가는 메인 수도 배관이 얼지 않았을 텐데 비트 안에 들어 있는 동파이프까지 꽁꽁 얼어 있었다.

비트 안에 각 층 수도 계량기가 설치되어 있었는데 얼어서 다 깨져 금이 쩍쩍 벌어져 있었다. 얼마나 추웠는지 각 층 화장실 세면대 수도꼭지가 돌아가지 않았다.

요즘은 코로나로 공실이 많다 보니 건물 관리가 잘되지 않는다. 건물만 사 놓고 와 보지도 않고 관리에는 신경도 쓰지 않는 건물주들이 더러 있다. 세입자가 들어와 있어야 건물 관리도 잘될 텐데 공실이 많다 보니 이렇게 사고가 난 곳이 많은 것 같다. 착한 임대인 운동에 동참해서 어떻게라도 세입자를 들였다면 건물주에게도 피해가 덜했을 텐데, 하는 아쉬운 마음이 들었다.

수도 배관이 다 얼어 터진 건물을 보고 있자니 다 죽어 가는 사람을 보고 있는 것만 같았다. 건물이 심하게 아프다고 말하는 것 같았다.

언제부터인지 모르겠다. 수도 배관은 인체의 혈관과 같고, 하수 배관은 인체의 노폐물을 배출하는 장기와 같다는 생각이 든다. 이 건물을 되살려 내는 것이 건물 본래의 목적에 부합하는 것이고, 창조 질서를 회복하는 것 아닐까, 하는 생각이 들었다. 누구보다 하나님이 그렇게 되기를 원하실 것 같았다. 제 기능을 다하지 못하는 건물을 바라보시는 하나님의 마음도 이렇게 아프지 않을까 생각해 본다. 이렇게 하나님의 마음을 담아 맡겨진 일을 해낸다면 그것이 왕업이고 하나님이 바라시는 예배일 것이다.

그러고 보니 내가 마치 의사라도 되는 것처럼 유난을 떠는 것같다. 블로그를 운영하며 블로그 대문에 써 놓은 문구가 있는데 써 놓은 대로, 말하는 대로, 그렇게 되어 가고 있는 것 같아 신기하다. 하나님이 또 나의 걸음을 그렇게 인도하시는 것 같아 감사하고 또 감사하다.

건물의 아픈 곳을 진단하고, 치료해 주는 배관 전문의입니다. 항상 이런 자부심을 가지고 일을 하고 있습니다. 생명을 살리는 의사처럼 성심성의껏 마음까지 시원하게 해 드리는 네모난 하수구가 되겠습니다.

이 땅의 많은 그리스도인들이 예배가 회복되기를 바라고 있다. 예배로서의 일, 일이 회복되어야 한다. 일터 가운데 생기가 살아나고, 질서가 회복되고, 생명이 살아나야 한다.

어쩌면 이것이 우리가 그토록 바라는 예배의 회복일지 모른다. 주일 하루 예배당에서 드리는 예배뿐 아니라 삶으로서의 예배, 일주일 중 가장 많은 시간을 보내는 일터에서의 예배도 회복되어야 한다.

우리의 '일'로 우리의 소망인 예배의 회복이 이루어질 수 있다는 사실이 어찌 가슴 떨리는 일 아니겠는가.

"Just Do It!"

어린 시절 가장 좋아했던 스포츠 브랜드 옷에 도배가 되어 있던 문구다.

그냥 해 보는 거다. 되는 대로 막 살라는 것이 아니다. 우리와 함께하시는 하나님을 신뢰하자. 설령 잘못된 선택을 할지라도 우리를 사랑하셔서 우리를 바른 길로 인도하실 하나님을 신뢰하고 일터로 나아가자.

기도해 보겠다고, 고민해 보겠다고 그만 주저하자. 고시생의 시선으로는 보이지 않던 엄청난 세계가 펼쳐졌다.

두려움을 떨쳐 내자. 믿음으로 한 걸음 내디딜 때 하나님 나라의 스토리로 우리 인생이 더 풍성해질 것이다. 은혜 안에 거할 때 우리의 어떠한 선택이든 가장 아름다운 선택이 될 것이다.

앞으로도 나는 기꺼이 그 길을 걸어갈 것이다. 그 길이 외롭지 않게 함께 걸어가는 이 땅의 수많은 청년 후배들이 일어나길 소망해 본다.

예수께서 그들에게 이르시되

내 아버지께서 이제까지 일하시니

나도 일한다 하시매

– 요한복음 5:17

"
예배로서의 일. 일이 회복되어야 한다.
일터 가운데 생기가 살아나고,
질서가 회복되고, 생명이 살아나야 한다.
어쩌면 이것이 우리가 그토록 바라는
예배의 회복일지 모른다.

하수구
뚫는
법대생

하나님의 시선으로
주변을 바라보길…

다시 생각해도 제가 지금 하수구 배관 관련 사업을 하고 있는 것이 신기하기만 합니다. 어렸을 때 물건을 팔고도 값을 제때 못 받는 아버지를 보고 사업은 절대 하지 않을 것이라고 다짐했었는데…. 게다가 저는 미래에 공무원이나 공기업에 다니는 것만을 상상했습니다. 그런데 지금은 여러 업종 중에서 건설업을 택했고, 그중에서도 상하수도 배관 유지 관리 사업을 하고 있으니….

한때는 10년 동안 공부했던 시간이 아무 소용이 없는 것처럼 여겨졌지만, 그 인고의 시간이 없었다면 겁도 많고 생각이 많아서 매사에 주저하는 제가 감히 하수구 사업을 시작하지 못했을 것 같습니다. 그만큼의 절실함이 저를 무엇이라도 붙잡아야 하는 사람으로 만들었던 것 같습니다.

취업도 못하고 나이만 들어 가는 비참한 현실 속에서 맡은 바 책임은 다하겠다고 고등부 수련회 현장에 앉아 있었던 것이 저를 더 우울하게 만들었지만, 지금 생각해 보면 그 수련회에 참석하지 않았다면 지금의 저도 없었을 것입니다.

대단히 큰 성공을 거둔 것은 아니지만, 그동안 함께하신 하나님의 은혜를 세어 보며 이 글을 시작하게 되었습니다. 아니, 과거의 저를 생각해 보면 정말 큰 성공입니다. 지난 몇 년 동안 취업 문제, 연애, 결혼 문제를 해결하고 경제적으로 자립할 수 있게 되었고, 무엇보다도 나의 진짜 자존감을 회복할 수 있었습니다. 일에는 귀천이 없다는 말을 머리로만 알고 있었는데 이제는 온몸으로 배우고 알게 되었습니다.

그동안의 일을 경험하면서 저에게는 한 가지 확실한 믿음이 생겼습니다.

'하나님께서 나의 먹고사는 문제는 어떻게든 해결해 주시겠구나.'

하나님은 볼펜을 붙잡고 책상에만 앉아 있던 사람이 연장을 가지고 먹고사는 문제를 해결하게 하셨습니다. 물론 하나님의 인도하심으로 이 일이 시작되었음에도 불구하고 사업이 어려워질 수 있습니다. 그렇지만 폐업을 하더라도 하나님은 어떻게든 내가 먹고사는 문제를 해결해 주실 것입니다. 다른 건 몰라도 그런 믿음은 있습니다. 그리고 저 스스로도 자신감이 생겼습니다. 오물을 만지고 지저분한 냄새도 맡으며 일을 해내는 제가 앞으로 어떤 힘든 일인들 못하겠습니까? 그 어떤 일이든 할 수 있다는 자신감이 생겼습니다.

공중의 새를 보라 심지도 않고 거두지도 않고 창고에 모아들이지도 아니하되 너희 하늘 아버지께서 기르시나니 너희는 이것들보다 귀하지 아니하냐 너희 중에 누가 염려함으로 그 키를 한 자라도 더할 수 있겠느냐 또 너희가 어찌 의복을 위하여 염려하느냐 들의 백합화가 어떻게 자라는가 생각하여 보라 수고도 아니하고 길쌈도 아니하느니라 그러나 내가 너희에게 말하노니 솔로몬의 모든 영광으로도 입은 것이 이 꽃 하나만 같지 못하였느니라(마태복음 6:26-29).

공부를 할 땐 불확실한 미래에 대한 막연한 두려움이 있었습니다. 지금 생각해 보니 일에 대한 두려움이 아닌 돈에 대한 두려움이었던 것 같습니다. 앞으로 어떻게 먹고살아야 하는가에 대한 두려움 때문에 그토록 힘이 들었던 것입니다.

5년, 10년 후에 앞으로 제가 어디에서 무슨 일을 하게 될지 알 수 없지만, 이제는 그 장소와 그곳에서의 나의 모습이 별로 중요하지 않습니다. 모든 일은 하나님 나라의 확장과 연속을 위해 저에게 주어진 것일 테고, 먹고사는 문제는 하나님께서 해결해 주실 테니 더 이상 이전처럼 막연한 두려움에 제 몸을 맡길 이유가 사라져 버렸기 때문입니다. 앞으로는 두려움 속에서 나만 바라보던 사람에서 벗어나 아주 가끔이라도 하나님의 시선으로 주변을 바라보는 여유를 가져 본다면 좋을 것 같습니다.

저에게 이 일을 소개해 주시고, 저를 친동생처럼 생각하시며 제가 잘되도록 항상 기도해 주시는 김재윤 목사님과 사장님으로, 형님으로, 사수로 일을 가르쳐 주시고 먹고사는 기술을 전수해 주신 김성철 집사님, 아둘람 공동체 2기에서 비즈니스 선교 훈련 강사로 열과 성의를 보여 주신 KR컨설팅 이강락 대표님, 일터 사역 훈련을 소개해 주시고 여러 가지 통찰로 가르침을 주시는 허브 건축 유영아 대표님, 교통사고로 낙심해 있을 때 많은 위로와 격려를 주신 강익서 장로님, 출간을 위해 도움을 주신 황을호 박사님과 오만종 목사님, 이새론 사모님, 권태하 자매님께 감사를 드립니다.

그리고 저의 일을 응원하고 지지해 주는 사랑하는 아내에게 감사하고, 묵묵히 응원하며 격려해 주시는 양가의 부모님과 가족들에게도 감사 인사를 드립니다. 무엇보다도 30대의 시간을 하나님의 이야기로 가득 채울 수 있게 해 준 장충교회와 하나님께 감사를 드립니다.

또한 분에 넘치는 사랑과 격려를 해 주신 주위의 모든 분께 진심으로 감사드립니다. 그 모든 분이 이 글을 시작할 수 있는 동력이 되었고, 마칠 수 있는 이유가 되었습니다.

앞으로 이어질 저의 이야기와 함께하실 모든 분께 감사 인사를 드리며 이 글을 마칩니다.

2022년 12월
한 해가 저물어 가는 장충동 신혼집에서

왕업을 행하는 사람들은
어떤 직업에 종사하든지 휘파람을 불며 일한다.
– 유진 피터슨

하나님을 신뢰하며
Just Do It !